做好当下就是面向未来，让明天因为今天的行走而多一份精彩！无须喧嚣，止于静雅，深度学习，智慧生长，正如蒲公英的朝圣之路。若有一天，无论我们工作室的老师分布在祖国蓝天下的哪个校园里，都是一名响当当的教育者，能立德树人，能传道解惑，好读书、善研究、会写作，那是一件多么美妙而又理想的事情。可喜的是，我们正向着这个目标久久为功，驰而不息……

——主持人李雪梅寄语

本书编委会

顾 问
康永邦

主 编
李雪梅

副主编
郑东俊　周　静　马虹宁　黎东桓　卢晓雅
文　敏　周长秀　张元元　冯　缙

编　委（按编写章节排序）
李雪梅　陈　超　罗伟莉　马虹宁　卢晓雅　郑东俊
强　洪　郭东波　岳　宁　黎东桓　颜　顺　赵　敏
谢　漫　周长秀　雷　琳　季楠馨　高　瑞　文　敏
谭　静　徐晚秋　王梁嫒　周　静　刘金华　朱圆圆
杨莞尔　张元元　卓　红　武文政　安　然　冯　缙
邓承平　唐　燕　潘人凤　李　琼　刘小宁

成都市、成华区李雪梅两级数学名师工作室成员研究成果

小学数学深度学习
项目式探究作业与实践

李雪梅 / 编著

四川大学出版社

图书在版编目（CIP）数据

小学数学深度学习项目式探究作业与实践 / 李雪梅编著. — 成都：四川大学出版社，2023.11
（名师教育坊）
ISBN 978-7-5690-6137-6

Ⅰ. ①小… Ⅱ. ①李… Ⅲ. ①小学数学课－学生作业－教学研究 Ⅳ. ①G623.502

中国国家版本馆CIP数据核字（2023）第089173号

书　　名：	小学数学深度学习项目式探究作业与实践
	Xiaoxue Shuxue Shendu Xuexi Xiangmushi Tanjiu Zuoye yu Shijian
编　　著：	李雪梅
丛 书 名：	名师教育坊
丛书策划：	梁　平　唐　飞
选题策划：	唐　飞
责任编辑：	刘柳序
责任校对：	王　锋
装帧设计：	墨创文化
责任印制：	王　炜
出版发行：	四川大学出版社有限责任公司
地　　址：	成都市一环路南一段24号（610065）
电　　话：	（028）85408311（发行部）、85400276（总编室）
电子邮箱：	scupress@vip.163.com
网　　址：	https://press.scu.edu.cn
印前制作：	四川胜翔数码印务设计有限公司
印刷装订：	四川煤田地质制图印务有限责任公司
成品尺寸：	170mm×240mm
印　　张：	15.25
字　　数：	287千字
版　　次：	2023年11月 第1版
印　　次：	2023年11月 第1次印刷
定　　价：	60.00元

扫码获取数字资源

四川大学出版社
微信公众号

本社图书如有印装质量问题，请联系发行部调换

版权所有 ◆ 侵权必究

推荐语

"双减"是刚性原则,是减去肥肉虚胖;"双增"是水分流失后自然显露出骨骼与肌肉。"双减"的核心是作业,作业的"量"和"质"如何平衡在天平的两端?这一直是一线教师思索的问题。李雪梅老师及其团队成员深耕一线,以问题为导向,抬头看路、埋头迈步,以日拱一卒,水滴石穿之功,以核心素养为导向,以立德树人为根本任务,以教学实践为根基,带着《小学数学深度学习项目式探究作业与实践》踏浪而来,为一线数学教师的作业研究提供了非常有价值的参考,值得学习。愿此书能掀起更多的浪花,与大家共享。

——罗清红(成都市教育科学研究院院长)

作业具有重要的育人价值,只有通过整体的规划、精心的设计,有效整合,才能发挥其功能。本书呈现了长期在一线工作的李雪梅老师及其团队成员在直面当前小学数学作业中的各种问题后,实践探索出的一些新的思考和做法。本书以"深度学习"为支点,推动知识、文化、素养各层次的融合,通过结构化设计的富有挑战性的项目,展现学生成长动态,彰显"学科育人"的意蕴,让"作业"这个熟悉的项目焕发出创新的活力。好作业,应该是低门槛、大空间、多层次的。希望这本书能成为广大教师遇到问题时可翻阅的实践手册。

——张碧荣(成都市教育科学研究院幼小教育研究所所长)

作业是课堂教学的延伸，重要却易被忽视，传统但需有创意。好作业能激发学生的兴趣，拓宽学生的眼界，启迪学生的思维。李雪梅老师及其团队成员所著的《小学数学深度学习项目式探究作业与实践》一书，以提升学生学科核心素养为目标，在实践中建构了小学数学项目式探究作业的基本模式与实施策略。书中巧妙的探究设计、丰富的作业类型，为一线教师提供了可借鉴、可操作的作业设计案例。

——李春歌（成都市成华区教育科学研究院院长）

如何设计项目式探究作业？怎样通过作业培养学生的兴趣、方法、习惯和毅力？数学素养如何从作业中培养？这些问题在李雪梅老师及其团队成员所著的《小学数学深度学习项目式探究作业与实践》一书中均可找到答案。本书通过探索促进学习真实发生的项目式探究作业的方式，为教师提供可借鉴、可操作的"深度学习"项目式探究作业的设计策略，对培养学生成长为"身体好、情商高、学习能力强"的新时代好少年很有意义和价值。

——康永邦（全国著名特级教师）

序一

《小学数学深度学习项目式探究作业与实践》一书展示了以李雪梅老师为首的小学数学教育实践者的研究团队，在"双减"背景下对小学数学作业形式与评价方式进行的理论梳理与实践探索。作者梳理了近年来倡导的深度学习、项目式学习、智慧生长等理论与策略，建立了小学数学项目式探究作业的基本模式与实施策略，完成了"知识结构类""综合实践类""调查研究类"等七大类 70 个项目式探究作业案例，为小学数学教师探索和研究项目式探究作业的设计与实施提供了重要的参考。

本书展示了项目式探究作业的基本模式，包括"探究时机""探究目标""探究内容"和"探究记录"。**探究时机**是项目式探究作业的背景与基础。项目式探究作业是某一个学习内容（或单元）结束后，学生综合运用前期的知识与方法，提出和解决新问题的综合性实践，前期的学习内容和学生掌握的核心知识与方法是开展项目式探究作业的基础。**探究目标**是项目式探究作业的发展性目标，确定了希望学生获得的综合运用数学和其他学科知识与方法解决问题的能力，以及核心素养的形成与发展的要求。**探究内容**是项目式探究作业的主体。学

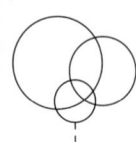

生将围绕一个探索性的任务，提出并研究问题，这将充分展示学生个性化和团队精神，以及运用社区、家庭等资源的意识。**探究记录**则是对学生整个学习过程的描述、整理和成果的展示。

本书展示的实践案例提供了翔实的项目式探究作业范例。按照上述基本模式的四个要素，梳理并总结了70个小学数学不同类型的项目式探究作业案例，每一个案例都包括完整的作业设计方案，展示了学生完成作业的过程和取得的成果。这些建立在学生已有的知识框架下，以学生核心素养发展为目标的综合性的探究活动，使数学学习更接近学生生活实际，使学生有机会了解社会，探索自然与科学的奥秘，感受数学的价值和应用。

本书展示的研究成果和案例，也为小学数学教育理论和实践研究作出了贡献。一是丰富了小学数学教学改革实践。作者在研究了相关理论的基础上，结合小学数学教学改革实践的需要，以项目研究为支撑，提出小学数学项目式探究作业的基本模式，并将其付诸实践，取得了成果，丰富了小学数学教学改革实践。二是提供了设计小学数学项目式探究作业的范例。项目式探究作业是具有一定创新意义的小学数学评价方式，作者将其归纳总结为"探究时机""探究目标""探究内容"和"探究记录"四个基本要素，并精心设计了70个案例，这些案例既是项目式探究作业的研究成果，也为小学数学教学实践者提供了具有参考价值的范例。三是为小学数学一线教师如何开展教育教学研究树立了榜样。李雪梅老师及其团队经过多年研究，对小学数学中的深度学习、项目式探究、核心素养培养等理论与实践问题进行了深入研究，并将其与小学数学中其他类型的问题相结合，在此基础上，设计出系列的典型案例，取得了丰富的研究成果。这种创新和研究态度，以及对小学数学教学改革执着的探究精神，为一线教师开展教学研究，提高自身的专业素养树立了榜样。四是为进一步探索小学数学教学与评价改革提供了发展空间。与科学探究一样，教

学研究永无止境。项目式探究作业作为一种新的教学评价与作业设计方式，提出并实践了其基本模式。这样的设计模式具有可行性和实践价值，同时也为进一步研究相关的作业和评价方式提供了改进和发展的空间。

《义务教育数学课程标准（2022年版）》提出课程内容的结构化整合，主张实施跨学科主题学习。项目式探究作业的设计与实践，对探索小学数学学科中的跨学科主题学习有一定启示。相信本书提供的设计模式和案例能为推进新的数学课程标准的实施起到促进作用。

东北师范大学
马云鹏
2023 年 5 月

序二

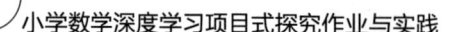

李雪梅老师为首的小学数学教育实践者的研究团队所著的《小学数学深度学习项目式探究作业与实践》一书，既有夯实的理论基础，又有丰富的实践案例，是对小学教育评价改革作出的重要探索成果的集合。书中，作者梳理近年来流行的项目式学习等各项理论，构建了布置小学数学项目式探究作业的实施策略。同时富含70个作业案例展示，类别分明、题材丰富，为小学数学教师的教学评价实践和研究探索提供了重要的参考。

项目式探究的主要特征为开放性、合作性、创新性和综合性。开放性是指它打破了传统课堂教学中学生被动接受知识的模式，让学生在完成一个具有探索性的任务时，通过充分的沟通交流来探究学习，充分体现了以学生为中心的理念。合作性是指它打破了传统课堂教学中以教师为中心的局面，学生通过小组合作、协作学习、相互交流完成任务。创新性是指它摒弃了传统课堂教学中的灌输式教学法，基于建构主义学习理论，让学生在问题情境中学习知识。综合性是指它打破了传统课堂教学中以学习本学科知识为中心的局面，让学生在完成一个具有探索性任务时，综合运用数学和其他学科知识与方法解决问题，发展高阶思维和反思能力。项目式探究作业优化了原本的作业体系，多角度、多维度、多层面地培养学生的核心素养，促进学生全面

发展。

　　本书为小学数学教学实践者提供了丰富的、具有参考价值的深度学习项目式探究作业案例。作者将小学数学项目式探究作业划分为"知识结构类""综合实践类""调查研究类""文化浸润类""学科融合类""阅读写作类""探究实验类"七大类，按照"探究时机""探究目标""探究内容""探究记录"的模式，精心设计了70个项目式探究作业案例，并付诸实践，展示了学生完成作业的真实过程以及教师反思评价的情况。"我认识的三角形"案例以整体把握三角形知识点，让知识之间相互关联，形成结构为目标，以完成思维导图为探究内容，让学生体验知识结构的梳理过程。学生根据已有的三角形知识经验，按照箭头图形等符号填报完成思维导图，在这个过程中，学生对已学过但较为零散的知识点进行整理归纳，寻找知识点之间的联系和区别，最终形成相对完善的知识结构，加深对此知识点的理解。此外，学生初步体验了演绎推理的思维形式，在以后的学习中也能够通过构建结构化思维导图的方式建立知识体系。在"理想中的小学"案例中，教师首先引导学生展开想象和讨论，形成一张思路清晰的关于建成自己理想中的小学的思维导图，并通过签署《团队协议》，培养学生的沟通交流能力和团队合作精神。随后指导学生动手操作，包括测量教室的长和宽、绘制草图、为小学取名并设计标识、建造仿真模型等，让学生参与理想小学的完整设计流程。最后，各小组展示"理想中的小学"，进行评价迭代。该探究作业的设计打破了学科边界，寻找到数学、语文、地理、美术等学科的契合点，充分发挥各学科资源的作用，引导学生形成多元思维，提升学生的应用意识和综合素养。学生在完成作业的过程中，独立探索与合作能力都得到了提升，同时将学科知识进行整合，打通知识壁垒，提高分析问题、解决问题的能力。总之，本书所提供的案例以学生为中心，以多元的目标、开放的内容、发展的思想、启发的评价为基础，注重个体探究与团队合作相结合，体现了学生自主建构或社会建构的真实过程，有利于学生批判性思维和创造性思维的发展。

　　本书立足理论，展示了丰富的实践研究，为我国教学改革作出了贡献。一方面，丰富的实践研究为小学数学教学改革提供落

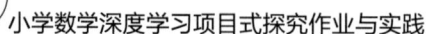

地的基础，也对一线教师如何开展教育研究起到了指导作用。一项教学改革从理论构建到落地实施，既需要完善的理论体系，更需要扎实的实践研究。理论体系为教学改革提供方向上的指导，而实践研究则是验证理论的重要方式，也为教学改革提供一定经验。本书作者以上篇叙述理论，构建成熟理论体系；以下篇展示项目式探究作业的案例，在结合小学教学改革需要的同时提供了丰富的实践研究。李雪梅老师及其团队对小学数学中的深度学习、项目式探究等多项时代前沿问题有着深入的研究，本书不仅介绍了详细的理论内涵，还以丰富的案例和成果，为一线教师的研究提供范式。同时这种创新的精神与执着的研究态度，为一线教师提高自身教学素养，树立良好的教师职业道德起到了非常好的示范作用。另一方面，本书丰富的案例展示也为教师教学实践提供参考，为我国教学评价改革提供了更广泛的空间。本书的作业设计案例按照"探究时机""探究目标""探究内容""探究记录"四个部分依次展开，新颖而层次分明，同时与教师教学设计交相辉映。"探究时机"对应传统的教材地位分析，意简言赅；"探究目标"对应传统的教学目标；"探究内容"对应教学设计中的教师提问；"探究记录"以作业实录对应教学案例中的教学实录，便于一线教师的参考与实施。7个主题分类，70个案例展示，拓宽了想要实践的教师的设计思路。同时本书提供了一种作业设计的新型模式，在落地实施的过程中可能获得更多反馈，激发教师更多的灵感。对这种设计模式感兴趣的教师，可以沿着本书提供的研究方式进一步拓展，为我国教学评价改革提供更广泛的空间。

"双减"政策的颁布与实施为数学作业的优化设计提出了新要求，要求教师实现作业"减负"的同时"不减质"。本书对小学数学项目式探究作业的探索，遵循"适中""优化""创新"等原则，关注学生综合素质的提高，让学生在完成作业的同时，会用数学的眼光观察现实世界，会用数学的思维思考现实世界，会用数学的语言表达现实世界。

北京师范大学教育学部课程与教学研究院

张春莉

2023年5月

目 录

上篇　小学数学深度学习项目式探究作业的理论溯源

第一章　小学数学深度学习项目式探究作业的内涵 ……………（ 3 ）
　　第一节　理论溯源 ……………………………………………（ 3 ）
　　第二节　基本内涵 ……………………………………………（ 6 ）
　　第三节　主要特点 ……………………………………………（ 8 ）

第二章　小学数学深度学习项目式探究作业的意义 ……………（ 10 ）
　　第一节　主要意义 ……………………………………………（ 10 ）
　　第二节　内在价值 ……………………………………………（ 13 ）
　　第三节　趋势走向 ……………………………………………（ 15 ）

第三章　小学数学深度学习项目式探究作业的原则 ……………（ 19 ）
　　第一节　质量标准 ……………………………………………（ 19 ）
　　第二节　主要原则 ……………………………………………（ 21 ）
　　第三节　目标要求 ……………………………………………（ 23 ）

第四章　小学数学深度学习项目式探究作业的策略 ……………（ 26 ）
　　第一节　设计策略 ……………………………………………（ 26 ）
　　第二节　实施策略 ……………………………………………（ 30 ）
　　第三节　评价策略 ……………………………………………（ 33 ）

下篇　小学数学深度学习项目式探究作业的类别与设计

第五章　知识结构类 ………………………………………………（ 39 ）
　　第一节　知识结构化的内涵概述 ……………………………（ 39 ）
　　第二节　知识结构化的方式与价值 …………………………（ 40 ）
　　案例一　分合之旅 ……………………………………………（ 41 ）
　　案例二　一统天下 ……………………………………………（ 44 ）
　　案例三　变与不变 ……………………………………………（ 45 ）

案例四 有序思考真是妙 ……………………………………………（48）
  案例五 我认识的三角形 …………………………………………（50）
  案例六 "按比分配"的那些事儿 …………………………………（52）
  案例七 一理贯穿,"曲直"通畅 …………………………………（54）
  案例八 寻知识之"源",显"结构"之梁 ……………………（58）
  案例九 "圆柱体表面积"新探究 ……………………………（61）
  案例十 隐藏的包装经济 …………………………………………（63）

第六章 综合实践类 ……………………………………………………（66）
  第一节 综合实践的内涵概述 …………………………………（66）
  第二节 综合实践的方式与价值 ………………………………（67）
  案例一 数学越野,智力赛跑 …………………………………（68）
  案例二 1千米有多远 …………………………………………（71）
  案例三 地铁上的里程秘密 ……………………………………（74）
  案例四 家具总动员 ……………………………………………（77）
  案例五 营养午餐 ………………………………………………（80）
  案例六 节约用水 ………………………………………………（83）
  案例七 1亿有多大 ……………………………………………（86）
  案例八 图形创意展 ……………………………………………（89）
  案例九 时间都去哪儿了 ………………………………………（92）
  案例十 创造百数表 ……………………………………………（95）

第七章 调查研究类 ……………………………………………………（98）
  第一节 调查研究的内涵概述 …………………………………（98）
  第二节 调查研究的方式与价值 ………………………………（98）
  案例一 我来做老板 ……………………………………………（100）
  案例二 测量生活中物体的高度 ………………………………（102）
  案例三 上学最优路线 …………………………………………（103）
  案例四 睡眠时间小调查 ………………………………………（105）
  案例五 生活中的圆 ……………………………………………（107）
  案例六 有趣的数字"0" ………………………………………（109）
  案例七 再识中国地图 …………………………………………（110）
  案例八 掷骰子游戏 ……………………………………………（112）
  案例九 手机有用吗 ……………………………………………（114）
  案例十 近视调查 ………………………………………………（115）

第八章　文化浸润类 (118)
第一节　文化浸润的内涵概述 (118)
第二节　文化浸润的方式与价值 (118)
- 案例一　认识古代超级计算机 (120)
- 案例二　身边的长度单位 (122)
- 案例三　曹冲称象 (124)
- 案例四　分数时空探险记 (127)
- 案例五　面积的起源 (129)
- 案例六　乘法环游记 (132)
- 探究七　探秘日历 (135)
- 案例八　从结绳计数说起 (137)
- 案例九　探索黄金分割比 (139)
- 案例十　探索圆周率历史 (141)

第九章　学科融合类 (144)
第一节　学科融合的内涵概述 (144)
第二节　学科融合的方式与价值 (144)
- 案例一　长方体的表面积 (146)
- 案例二　"会说话"的绘本 (149)
- 案例三　今日我当家 (151)
- 案例四　"周长"小仓库 (154)
- 案例五　蜜蜂蜂房的几何奥秘 (157)
- 案例六　行走中的数学 (158)
- 案例七　理想中的小学 (161)
- 案例八　我的周末安排 (164)
- 案例九　无处不在的角 (166)
- 案例十　探究"重复"的奥秘 (167)

第十章　阅读写作类 (169)
第一节　阅读写作的内涵概述 (169)
第二节　阅读写作的方式与价值 (169)
- 案例一　神奇的小数 (172)
- 案例二　得其法，明其理 (175)
- 案例三　当面积遇上周长 (177)
- 案例四　晚霞项链 (178)
- 案例五　常见的量之创编算式 (180)

案例六　100以内加法 …………………………………………… (182)
　案例七　鸡兔同笼 ………………………………………………… (183)
　案例八　20以内数的认识 ………………………………………… (187)
　案例九　统筹优化，数学好玩 …………………………………… (189)
　案例十　有趣的推理 ……………………………………………… (192)

第十一章　探究实验类 ……………………………………………… (196)
　第一节　探究实验的内涵概述 …………………………………… (196)
　第二节　探究实验的方式与价值 ………………………………… (197)
　案例一　哪杯水最多 ……………………………………………… (199)
　案例二　石块的体积是多少 ……………………………………… (201)
　案例三　包装的学问 ……………………………………………… (203)
　案例四　影子的探秘 ……………………………………………… (205)
　案例五　组合图形的面积 ………………………………………… (208)
　案例六　体积单位的换算 ………………………………………… (210)
　案例七　三角形的面积 …………………………………………… (213)
　案例八　三角形三边的关系 ……………………………………… (215)
　案例九　车轮为什么是圆的 ……………………………………… (217)
　案例十　做彩灯灯罩 ……………………………………………… (219)

后记　愿借春风一路香 ……………………………………………… (224)

上篇

小学数学深度学习项目式探究作业的理论溯源

伴随"双减"新政和2022版义务教育新课标的落地实施,"深度学习"和"项目式学习"成为作业研究新的着力点。深度学习注重以学生为中心,发展学生的高阶思维,强调迁移运用,培养批判反思素养,为作业研究提供了新的视角。基于深度学习的作业设计的基本逻辑是以"深度学习"为"结构支点",推动知识、文化、思维和素养层次的融合,呈现成长动态,由此彰显培养"未来之人"的意蕴。

第一章 小学数学深度学习项目式探究作业的内涵

第一节 理论溯源

一、深度学习的基本理论

1. 以高阶思维能力的发展为目标

深度学习的理论是智慧课堂背景下的小学数学深度学习项目式探究作业设计的核心理论基础。美国国家研究委员会（National Research Council，NRC）提出深度学习能力应分成认知领域、人际领域和个人领域三个维度，其中每个维度对应分为两项基本能力，见表1-1。

表1-1 深度学习的能力框架

维度	能力
认知领域	掌握核心学科知识
	批判性思维和复杂问题解决
人际领域	团队协作
	有效沟通
个人领域	学会学习
	学习毅力

深度学习以高阶思维能力的发展为目标，注重培养学习者适应社会发展的高阶思维和核心能力。在教育目标分类中，高阶思维表现为分析、综合、评价、创造等较高认知水平层次的能力。[1] 基于深度学习的作业设计注重学

---

[1] 王佑镁. 电子学档的设计与应用研究［M］. 北京：中央广播电视大学出版社，2009.

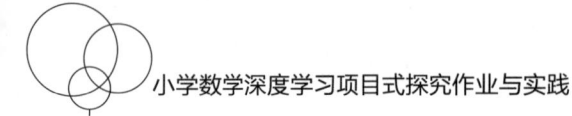

习者对知识的理解和运用，可以提高学习者的思维品质和学习效能。

2. 以学生为中心，着意迁移与整合

深度学习以学生为中心，注重个体探究与协作相结合，着意学生的迁移运用，要求学习者深入理解学习内容和学习情境，将学习内容和学习情境进行结构化和模块化，做到迁移运用。基于深度学习的作业设计强调学习者对信息、学科知识、新旧知识、学习策略的整合，让学习者在梳理知识之间的关系时同化和顺应知识，整合认知结构。

3. 以培养批判思维和自我反思能力为归宿

深度学习的重要品质是批判思维能力，提倡学习者以批判和怀疑的态度看待学习材料，善于质疑辨析，并在观点之间建立联系，从而加深对复杂概念的理解。[1] 自我反思能力是学习者对自我的审视，学习者通过对问题情境的鉴别判断，筛选切实的策略模式。基于深度学习的作业设计着意制造能产生认知矛盾冲突和开放性的问题，让学习者运用探寻、假设、反思等方法对知识点进行整理汇总，形成概括的表达或解决方法，提高学习者深化认知和问题理解的能力、思想方法提炼的反思能力。[2]

4. 强调信息技术的融入，着力问题的解决

《教育信息化十年发展规划（2011—2020年）》提出"推进信息技术与教学融合，培养学生信息化环境下的学习能力"的发展任务，强调"全面提升运用信息技术发现、分析和解决问题的能力"。通过信息技术的融入，助力深度学习，注重学习者的情感体验，提高学习者的学习热情和自信心，着意于问题解决。这里的问题通常是真实情境中的复杂问题，一般来说不是那种套用规则和方法就能够解决的良构领域（well-structured domain）的问题，而是结构分散、规则冗杂的劣构领域（ill-structured domain）的问题。[3]

基于深度学习，小学数学智慧课堂项目式探究作业的设计注重学生高阶思维、批判思维、自我反思能力的培养，强调信息技术的融入，坚持以学生为中心，教师除了向学生提供解决问题所需要的核心知识，还要引导学生进入问题情境，进行独立探索及整合、协作学习与迁移应用，从而创造性地解决问题，形成思维策略，获取新知识。

---

[1] 郭元祥. 课堂教学改革的基础与方向——兼论深度教学 [J]. 教育研究与实验, 2015（6）: 1—6.

[2] 杜鹃, 李兆君, 郭丽文. 促进深度学习的信息化教学设计的策略研究 [J]. 电化教育研究, 2013（10）: 14—20.

[3] 张浩, 吴秀娟. 深度学习的内涵及认知理论基础探析 [J]. 中国电化教育, 2012（10）: 7—11, 21.

二、项目式探究作业的基本理论

1. 建构主义学习理论

建构主义学习理论认为学生是带着已有经验和认知进教室的，能根据自己已有的认知和经验明确问题，设想问题的解决办法，通过推理、观察、试验，从而解决问题，积累经验，获得能力。项目式探究作业设计注重"以生为本"，帮助学生在已有的经验基础上获得新的经验，这对教师的要求很高。项目式探究作业设计基于建构主义的教学理论（表1-2），让学生通过问题情境习得知识经验，发展能力和素养。

表1-2 建构主义的教学理论

类别	含义
支架式教学	教师基于学生已有的知识经验，帮助学生在已有的经验基础上与新经验之间建立人为的非连续性的实质性联系，习得新的经验和技能
抛锚式教学	强调给学生提供真实的情境，让学生在问题中产生学习的需要，通过质疑、感知问题，凭借已有资料去解决问题，完成从识别目标到达成目标的过程
情境教学	教师有目的地创设一些生动有趣的具体场景，并把问题融入其中，调动学生学习的积极性，帮助学生在生态体验中解决问题
合作学习	强调"以学生为本"，以合作为基础，采用小组合作的形式，帮助学生积累经验，习得知识，发展交流、合作的能力，提升综合素养

2. 智力理论

我国古代就有以伏羲黄老文化为核心的诱导、启发人先天慧性的教育理论，也有孔孟的儒家思想。关于智力理论的研究，西方学者也对此进行了详细的研究。项目式探究作业设计不仅遵循了我国已有的教育思想，还借鉴了结构智力理论（表1-3），以促进学生智力能力的发展。

表1-3 结构智力理论

类别	含义
分层结构智力理论	问题解决能力、创新能力、推理能力等属于数学能力，数学能力在个体智力的特殊层次，各研究者作了较为详细的研究，如斯皮尔曼的二因素、伯特智力分成结构理论、艾森克智力三维结构模型

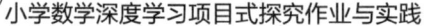

续表

类别	含义
成分结构智力理论	成分结构智力是按智力的组成部分来建构智力的结构，如桑代克的特殊因素理论、瑟斯顿的智力基本能力因素说、吉尔福特的智力三维结构模型的180种独立因素说、加德纳的智力多元理论以及唐斯、纳格勒尔的"PASS模型智力理论"

问题解决能力、推理能力、创新能力是数学能力的重要组成部分。小学数学智慧课堂项目式探究作业设计遵循建构主义的教学理论和智力理论，把学生放在中心，借助学生已有的知识经验，帮助学生获得新的知识和经验，提高学生的能力。

第二节 基本内涵

在社会需求下，教育不仅要关注学生的知识掌握情况，更要关注学生的核心素养、深度学习力、综合能力的发展。项目式探究作业是学生在教师指导下，自主运用知识、体验解决问题的过程。传统的作业不能满足现在学生的发展，智慧课堂背景下的小学数学深度学习项目式探究作业设计以项目为中心，设置问题，激发学生兴趣，让学生通过合作的学习方式提高深度思考能力和综合能力。智慧课堂背景下的小学数学深度学习项目式探究作业的基本内涵包括三个方面。

一、着意知识的整体性、现实性和应用性，培养迁移、整合的能力

虽然教师对于每一课的教学知识掌握清楚，但单元知识不成体系，知识结构比较零散，教师对教材的解读深度不够，对教学资源欠整合，核心问题把握不够准确，导致作业设计出现提问琐碎、内容单一、形式固化、缺乏吸引力的现象。传统数学作业脱离生活实际，作业内容偏重于对知识理论体系的呈现，忽视数学知识的应用，作业缺乏灵活性、多样性、层次性和弹性，由此造成学生在完成作业时思考浅层化、思维表层化，逐渐形成一种思维惰性，习惯性地等、靠、要答案，主动探究的兴趣和自主探究的能力逐渐消失。

智慧课堂背景下的小学数学深度学习项目式探究作业有利于解决上述问

题。项目式探究作业设计基于学生的生活实际经验呈现问题，以发展学生迁移、整合、综合应用知识的能力作为出发点，帮助学生改变学习方式，辨析知识之间的关系，积累经验与方法，在深度思考中将知识结构化、整合化，重构认知序列，完善认知结构，全面地认识和了解数学。

二、技术融入、沟通联系，培养学生解决问题的能力

数学是人类生活经验的抽象形式，要想把握高度抽象的数学本质，需要进行深度理性思考。然而纷繁复杂的事物本质并不是单一纯粹地出现在人们的生活中。小学生认知领域中的知识、技能、能力或智力的发展水平还处于浅层，在面对错综复杂的问题时，容易受次要因素的干扰，难以完成问题的解决。因此，教师需要帮助学生在认知结构中建立适当的非人为的实质联系，一方面利于学生利用已知解决问题，另一方面利于学生认知水平的提高。

智慧课堂背景下的小学数学深度学习项目式探究作业设计借助信息技术，基于学生的生活经验，沟通数学与生活的联系。通过智慧课堂的交互式体验，引导学生从实际问题情境中提炼出数学知识和方法，帮助学生用数学的符号去刻画事物的特征，用数学关系建立事物的联系，用数学的思维去解决问题，获得答案，培养解决问题的能力。

三、综合运用知识，发展批判思维、高阶思维和自我反思能力

随年级增加，学生碎片化思考的现象愈加严重。学生看似掌握了每一课的知识，做当堂课的练习也没有问题，但综合应用时，却无从下手。比如，在四年级学习运算律时，学生会单一地运用每一种运算律，但是当把所有运算律混在一起时，就会内心迷茫，无从落笔，更甚的是将知识点混淆，如傻傻分不清乘法结合律和乘法分配律。

在小学数学深度学习项目式探究作业设计中，教师引导学生在问题解决的过程中用批判和怀疑的态度进行辨析，从而在各种观点之间建立联系。用开放性的问题让学生的认知产生冲突，帮助学生通过独立思考、自主探索、动手实践、合作交流来加工和重组信息，以此达到目标。学生通过探索、假设、反思归纳知识，形成概括的表达和解决问题的方法，从而深化认知，形成高阶思维和自我反思能力。

智慧课堂背景下的小学数学深度学习项目式探究作业设计以学生的能力发展为目标，这样的作业肯定不是单一的、枯燥乏味的，那又有哪些特点？

让我们搭乘学习号列车，一起走进第三节。

第三节 主要特点

智慧课堂背景下的小学数学深度学习项目式探究作业具有四个特点。

一、多元的目标

李松林教授认为，教学要以问题及复杂的问题来培育学生的核心素养。项目式学习是培养核心素养的重要方式，而项目式探究作业在项目式探究学习中起着至关重要的作用。项目式探究作业是学生在学习活动中将问题解决能力迁移到新情境的一种重要途径，能够帮助学生获取新知，解决困惑。新课标课堂背景下的小学数学深度学习项目式探究作业是促进学生发展而设计的数学学习任务，应具有多元的目标。尊重学生的个性发展，在项目式探究作业设计时将目标多元化，让每个学生都有所成长。基于学生的主体性，学生的学习结果是检验数学作业是否有效的重要标准。项目式探究作业设计的首要前提是教师对学生要有充分的了解，然后尽可能地按照学生的需求和兴趣来设计作业，从而提高学生掌握知识的效率和学习数学的热情。此外，项目式探究作业设计的目标还应依据教材内容和教学目标设计有针对性的作业目标，从而提高学生学习效率，增强数学学习的自信。

二、开放的内容

作业的内容一方面要紧扣教材，以教学目标为依据，另一方面要符合学生的身心发展水平和认知水平。由于每个学生都有差异，这就要求以学生的学习水平和需求为出发点，设计层次多样的作业，这样学生既可以根据自己的需求和兴趣自主选择作业，还能调动学习的积极性和主观能动性。项目式探究作业以问题的形式呈现，内容设计整合学科内部及学科之间的知识，体现了知识间的联系性、整体性、融合性和开放性，呈现了综合、开放、丰富的内容。项目式探究作业的素材来源于学生生活实际，既加强了课堂与生活的联系，又优化了数学的学习环境。开放的项目式探究作业承载了培养和发展学生能力的重要作用，有利于提升学生的应用意识和数学思考习惯的养成。

三、发展的思想

人具有多样化的认知水平,高阶思维能力是人才素养的基本要求,而高阶思维又主要体现在创新、决策、批判性思维、信息素养、团队协作、自我管理与可持续发展能力等方面。项目式探究作业是让学生通过问题解决、发展创新去领会某种知识,进而学习某种学习方法,探索未知领域和创新的过程。项目式探究作业指向学生核心知识的建构,用挑战性、激励性的问题激发学生持续性的探究。学生在查阅、整理资料的过程中,通过运用多元高阶思维方式进行系统分析、合情推理、实践调研、主动反思来解决问题,获得学习的成就感,并借助问题解决的过程来发展创造性思维和批判性思维。由此可见,项目式探究作业是促进学生高阶思维发展的有效方式,有利于学生批判性思维、自我反思能力的发展。

四、启发的评价

启发性的评价功能主要在于激发学生的数学学习兴趣,引导学生的数学解题思路,点拨学生的数学学习方法。学生是项目式探究作业评价的主体,为了充分发挥这一作用,项目式评价应该多角度,以质量评价为主,并将教师评价与学生自评、生生互评、师生互评相结合。为实现启发性评价的作用,项目式评价的内容应该更加丰富,评价的方式要更加多样,要注重学生的学习过程,强调过程性的评价。项目式探究作业以问题贯穿始终,让学生经历信息收集、处理和得出结论的过程,在学生自主探究中,引导学生有序思考和总结,从而获得一定的探究方法,增强学生综合解决问题、推理、反思、融合创新的能力。

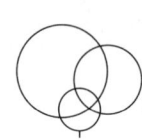

第二章　小学数学深度学习项目式探究作业的意义

第一节　主要意义

作业是学校教育的重要环节，是课堂教学的必要补充，是学生实现知行转换、自主学习的重要载体和平台。教师大多是布置常规作业，比如口算、练习册等，很少主动去思考这样的作业是否高效？这样的作业学生是否喜欢？这样的作业是否能满足不同层次学生的需求？

随着课程改革的推进与实施，作业的意义、设计与实施引起了一线教师的关注。怎样的作业既能全面覆盖教学内容，又把知识进行整合呢？怎样的作业能体现分层呢？

为了回答上面的问题，我们尝试采用项目式探究作业。项目式探究作业包含基础性、巩固性和开放性作业，学生可以根据自身情况选择适合自己的作业来完成，避免了作业"一刀切"的现象，让学生对作业有选择的权力，不再把作业当"任务"来完成，而是享受作业的乐趣。

一、落实"双减"，控量提质增效

对于学生而言，作业最理想的意义是教师馈赠的礼物，而非强加的负担，作业源于学生自己成长的需要。

长期以来，学校往往忽视了简单重复的作业会给学生带来严重的课业负担。简单重复的工作意味着作业量大，学生耗时长，会导致学生逃避作业、厌学，甚至出现心理问题等。为了学生的长远发展，需要对作业进行重构。从作业的量来看，项目式探究作业需要跨课时、跨单元、跨学期整合知识或能力设计作业，比传统作业量少；从作业的质来看，项目式探究作业重视知识结构化，把零散的知识聚合在一起，比传统的作业质优；从作业的效能来

看，项目式探究作业重视学生知识、能力、思维和素养的培养，确保教育质量稳中有升，为培养高素质的人才奠定了坚实的基础。

二、发挥作业的育人功能

作业是学校教育的重要环节，是课堂教学活动的必要补充。适量的作业有助于提升学生的学习兴趣，培养学生的意志品质，提升学生的综合能力，促进学生全面发展。在"双减"政策之下，项目式探究作业具有丰富的育人功能：一是有助于学生运用所学知识解决生活中的实际问题，体会转化、对应、迁移等数学思想方法；二是通过经历提出问题、分析问题、解决问题的过程，使学生掌握解决问题的一般方法和策略；三是在富有挑战性的探究作业中，增强学生迎难而上、战胜困难的勇气；四是在开放性的作业中，通过团队合作，培养学生的创新意识和创造能力。

三、解决作业的现实问题

传统的作业大多都以"课时作业"为主，很少有单元整合的作业，导致学生对作业不感兴趣，缺乏全面、深入的思考。而项目式探究作业强调作业的系统性、综合性和开放性，有助于培养学生解决实际问题的综合能力。它不仅是教育专业化、个性化发展的必然趋势和作业问题的现实诉求，而且更加强调将作业研究的视野从教师转向学生本身。

1. 激发学生的学习兴趣

俗话说："兴趣是最好的老师。"学生的学习兴趣直接影响学习效果。心理学研究也表明，如果一个人对某一活动感兴趣，那么效率就会提高，也不会感觉负担过重和疲劳。项目式探究作业以某一主题或能力点为主线，教师根据学生的认知特点，选取与生活实际密切相关的问题，体现数学与生活的联系，从而设计出不同层次的作业。例如在学习了《长方体和正方体的表面积》后，可以设计这样的作业：①什么是长方体和正方体的表面积？请你写一写或画一画。②怎么包装礼盒最省包装纸？③了解纸的来源。④调查一个家庭一周用纸的情况，写出惜纸建议。不同类型的项目式探究作业，可以激发学生的学习兴趣，促进学生在积极思考、自主探究、合作交流中"活""动"起来，让作业不再是学生的负担，让学生爱上作业。

2. 促进学生的深度学习

深度学习是新时代教育教学的新要求，是"互联网＋"时代全新教育理

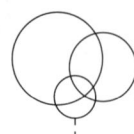

念与学习方式变革发展的重要标志，是 21 世纪获取新技能的重要途径。教师对深度学习研究的关注，也正是人们对终身教育、全新教育理念和学习方式变革的回应。

数学教学中的深度学习强调知识间的相互关联，主要是指学生高度投入学习、主动学习，经历自主探究、深度思考、探究型对话等过程，实现知识的深层加工、深刻理解以及长久保持，并将学到的知识迁移与应用，获得全方位的成长。概括起来，深度学习主要体现在三个方面：一是学生学习状态的高度投入；二是学习过程的真实发生；三是知识本质的理解迁移。而项目式探究作业最能体现这三个特点。项目式探究作业整合知识、层次分明、类型多样，大致可以分为以下七类：知识结构类、综合实践类、调查研究类、文化浸润类、学科融合类、阅读写作类、探究实验类作业。项目式探究作业类型如图 2-1 所示。

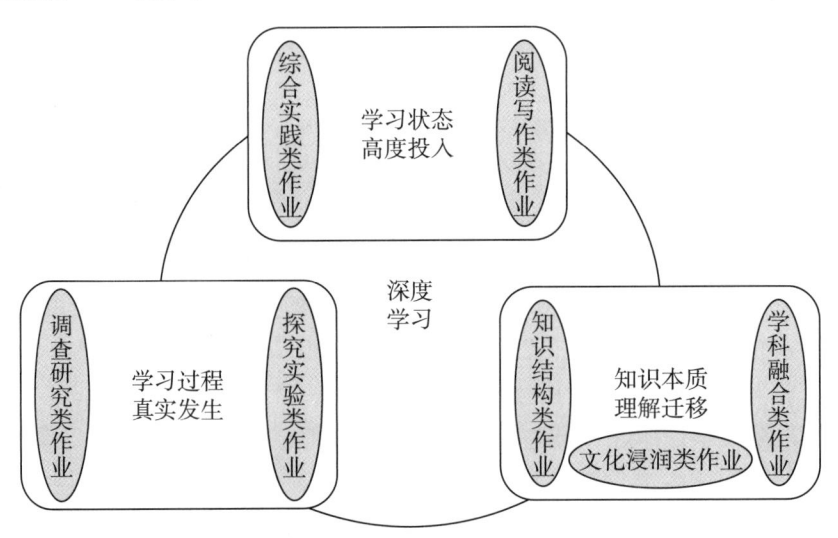

图 2-1 项目式探究作业类型

其中，综合实践类和阅读写作类作业着重体现学生学习状态的高度投入。学生运用数学知识，经历发现问题、提出问题、分析问题、解决问题的全过程，将数学知识迁移并应用到其他学科，感悟数学与社会生产生活之间的联系，实现知识的深层加工和长久保持。调查研究类和探究实验类作业着重于学生学习过程的真实体验，通过调查、实验等活动，引导学生以解决实际问题为目标，确定调查对象，思考调查步骤，选择合适的调查方法，找到对应的数学思想和方法帮助完成实施和评价，从而设计出调查研究的方案。在这一过程中，引导学生摆脱浅层的学科思维局限，促进学生全面、深入地思考。知识结构类、学科融合类和文化浸润类作业着重对知识本质的深度理解。在

学习过程中，学生尝试将教材与生活、知识与经验、素养与能力进行充分融合，从而促进新认知的整合和学习策略的改进，让学生真正成为自主学习、深度学习的主人。

3. 提升学生的核心素养

数学核心素养主要包括以下三个方面：会用数学的眼光观察现实世界；会用数学的思维思考现实世界；会用数学的语言表达现实世界。具体来说，就是要培养学生应用数学知识、数学方法、数学思想去发现问题、提出问题、分析问题、解决问题的能力。而学生素养的提升离不开真实的情境、有挑战性的问题和团队合作，项目式探究作业正好与此契合，它把数学的知识与技能、过程与方法、情感态度与价值观渗透到作业设计中。学生在探究的过程中，通过表达独特见解，梳理优化方法，展现思维过程。在这一过程中，教师不仅能看到团体智慧的结晶，还能充分展现学生的个人能力。同时在项目式探究作业中，学生初步尝试在现实生活与其他学科构建普适的数学模型，通过教师的引导，共同解决现实问题。在团队协作的过程中，学生之间逐步养成用数学语言表达与交流的习惯，形成跨学科的应用意识与实践能力，提升学生的数学核心素养。

第二节　内在价值

作业通常被认为是学生巩固知识、教师检验学习效果、教师调控教学和学校评价学生学业水平的手段。除了上述基本价值，探究作业的价值还表现在以下几个方面。

一、促进学生全面发展

传统作业大多是课时作业、单元作业，在学习一课或一单元后，教师布置学生完成纸笔作业。这种纸笔作业往往重知识、轻能力，重结果、轻过程，学生觉得枯燥、乏味。探究作业能在传统作业的基础上有所改进，促使学生进行理解性学习，而不是大量重复、知识搬运的机械式学习。表2-1是对探究作业和传统作业的对比，从表中可以看出，探究作业是基于学生的需求设计的，具有一定的趣味性、综合性、开放性，不仅能吸引学生主动参与，激发学生的学习兴趣，还能培养学生问题解决的能力和高阶思维。

表 2-1 探究作业与传统作业的比较

	探究作业	传统作业
学习动机	自身需求	外在压力
迁移能力	把所学知识迁移应用到实践中	不能灵活运用所学知识
学习程度	深度学习	浅层学习
投入程度	主动学习	被动学习
思维水平	高阶思维	低阶思维

1. 解决知识的碎片化问题

在当前中小学教学中，过于强调学科本位，忽视学生的需求，导致学生知识碎片化，学生能力低能化。探究作业从全局出发，整合知识或能力，设计大单元作业，为学生提供面向整体的学习任务，引导学生从整体建构知识系统。

2. 打破学科泾渭分明的边界

学科只是人类为了教学的方便而提炼分组的成果，从来就没有一种属于纯学科的事物存在，更没说一个纯学科的世界了。[①] 学生需要打通学科边界，用同一主题的探究作业把不同学科的知识整合在一起，注重学科知识之间的横向联系和纵向融通，养成多角度思考问题的习惯，从而建立系统的思维方式，学会分析世界上相互联系的问题。

立德树人是教育的根本任务，探究作业在设计时基于学生的视角，把作业上升到整体建构、学科融合的高度，培养学生德、智、体、美、劳全面发展。

二、提升教师作业设计水平

探究作业设计不仅能够帮助学生掌握基础知识，形成基本技能，而且能直接体现教师的学科素养和专业能力。学生的作业负担与作业的梯度、难度、数量、质量等密切相关。因此，探究作业减少共性作业，布置个性作业，尝试弹性作业。在此基础上，需要教师具备作业的全局观。

1. 设计体现"精"

教师设计作业要在"精准""精确""精练"上下功夫，将智慧课堂的独学、互学、群学和共学，达到"多学合一"，体现"精"字要义。在作业设计环节，立足对象，分清作业层次；立足需求，分清作业形式；立足思维，分

---

① 张丰，方凌雁，何丽红，等. 促进学习的真实发生 [M]. 杭州：浙江教育出版社，2021.

清作业类型。

教师完成某一单元或某一知识教学后,要设计相应的作业菜单,让不同层次的学生选择适合自己的作业来完成。以"基础巩固型""变式探究型""创新拓展型"等作业,强化知识,少练精练,体现作业的精准性。

2. 分层落在"细"

数学教学要体现不同的人在数学上获得不同的发展。教师针对学生的个体差异,将作业分为易、中、难三个层次,并根据难易程度标出星级,由学生自主选择完成,并明确要求学生保底星星数量。优生挑战难题,发展高阶思维,中差生加强基础练习,注重基础知识掌握,目的是下要保底,上不封顶。

3. 内容重在"实"

在作业内容方面,教师要重视目标落实、过程夯实、评价真实,突出作业的实效性。作业要重视学生的素养提升,内容应由易到难、由浅入深,提升学生的综合素养。

4. 形式突出"多"

教师将作业内容与生活实际同学生已有认知联系起来,丰富作业的形式,将五育并举巧妙地融合在探究作业中,体现作业的多样性,从而提高学生综合运用数学知识解决生活问题的能力。如采用小调查、小日记、小实验、小报告等多种有趣的形式,充分调动学生的多种感官,培养学生用数学的眼光观察,用数学的思维思考,用数学的语言表达,从而提高学习效能。

高素质的人才需要高品质的教学,高品质的教学需要有新意的探究作业设计。探究作业的设计以"促进人的全面发展"为目标,以"深度学习"为核心,将"四基、四能、兴趣、习惯、情感、态度和价值观的生长"作为价值追求,以促进学生核心素养、必备品格和关键能力的形成。

第三节 趋势走向

作业是课程改革的关键词之一。它和教学共同促进学生的发展,决定课程改革的成败。新课标提倡学生的素养发展,要凸显作业的育人功能,数学作业有必要进行相应的调整和重构,其设计和实施需要更加优化。具体来说,作业的变革与走向可以从以下四个方面进行把握(如图2-2所示)。

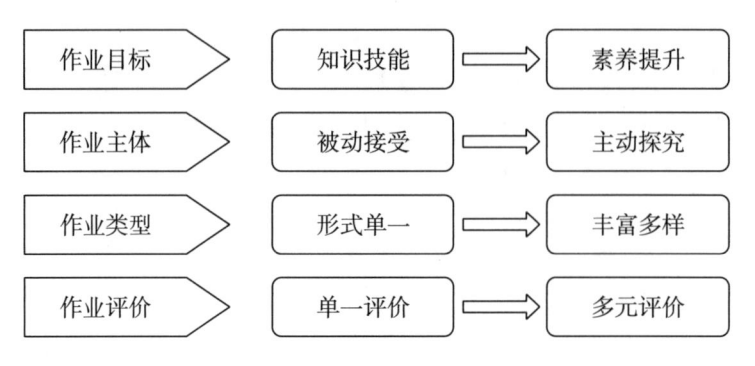

作业目标	知识技能	→	素养提升
作业主体	被动接受	→	主动探究
作业类型	形式单一	→	丰富多样
作业评价	单一评价	→	多元评价

图 2-2　作业的变革与走向

一、作业目标：从知识技能转向素养提升

在小学数学日常教学中，作业是非常重要的教学环节之一。传统的作业往往被看作学生巩固基础知识、掌握基本技能，教师诊断学生学习情况的重要手段。现在的学生除了完成书上的习题以外，还有口算、练习册等作业，这些作业一般都是以课时作业为主，以单元作业为辅。由于作业常常与知识点、能力点联系在一起，从而把作业的功能狭窄化了，形成"知识技能作业观"，禁锢了学生的思维。而在新课标理念下，作业应该成为学生素养提升的重要途径之一，它与学生的自主探究、合作交流、深度思考、个性发展有着密切的关系。"素养作业观"认为，应该让作业成为学生全面发展的阶梯，发挥其育人功能，具体包括以下两方面。

1. 从关注知识掌握转向深度学习

传统的作业往往是为了应付各种考试，更多地关注学生知识点的掌握情况，教师根据知识点讲例题，学生周而复始地完成习题，缺乏思考。例如，一些计算类作业，教师大多采用全班一起练习的方式。对于学优生而言，这种作业简单、机械、重复，几乎没有思考的价值；对于学困生而言，练习枯燥乏味，很难引起兴趣。因此，教师在设计作业时，需要体现作业的思维含量，关注学生在完成作业过程中的深度思考，让学生"主动参与、积极思考、乐于表达"。

例如，在教学北师大版四年级下册《三角形边的关系》后，笔者设计了如下的作业：

同学们，我们学习了三角形三边的关系，知道了三角形的任意两边之和大于第三边，任意两边之差小于第三边。请你按要求验证是否所有的三角形都具有这样的特征？①任意画三角形；②量一量每条边的长度；③算一算；

④写出你的发现。

看似一道很简单的作业，不仅了解了学生知识的掌握情况，更重要的是从学生的完成情况可以体现其思维水平。从"思维痕迹"看，学生通过画、量、算等活动，探寻三角形三边的关系，学生深度"卷入"探究过程，学生的学习逐步走向"深度学习"。此外，学生在讨论测量有误的作品是否存在两边之和大于第三边时，注意力高度集中，参与面广，可以有理有据地表达自己的观点，互相之间产生思维碰撞，促使学生深度学习。

2. 从关注知识本质转向思想方法

以往的作业较多都是针对知识的练习，很少涉及数学思想方法，这是浅表学习，也是不完整的学习。而数学思想方法是数学学科的本质。数学教学中既要关注知识的掌握，更重要的是领会数学的思想方法。正如日本数学家米山国藏所说："作为知识的数学出校门不到两年可能就忘了，唯有深深铭记在头脑中的数学的精神、数学的思想、数学的方法随时随地地发生作用，使人终身受益。"而探究作业十分注重渗透转化的思想，让学生在掌握基础知识的同时学习到更深层次的知识，习得解决生活实际问题的方法，从而促进学生思维的发展。

二、作业主体：从被动接受转向主动探究

原来的数学作业大多是教师布置纸笔作业，学生在练习册或本子上完成，学生往往是被动接受，没有真正发挥作业的主体作用。在"双减"背景下，要减轻学生过重的作业负担，需要把作业的主体由被动接受转向主动探究，让学生主动学习、深入学习、个性学习。同时，要让学生体会完成作业的快乐，使学生成为学习的主体。项目式探究作业，根据学生的已有认知和年龄特征，将生活中的一些问题转化为数学问题，让学生主动探究。比如，在五年级学习了"长方体和正方体的表面积"后，设计如下的项目式探究作业：怎样包装礼盒既节省又美观？调查自己的家庭、班级、学校一天要使用和废弃多少张纸？写出你的惜纸建议。这样的作业，具有开放性和探究性，体现了学习的主动性和创造性，能够激发学生学习的热情，从而使学生对数学产生强烈的兴趣。

三、作业类型：从形式单一转向丰富多样

新课标提倡："不同的人在数学上得到不同的发展。"为了满足不同层次

学生的学习需求，培养学生的多元认知能力，除了布置常规作业以外，还要积极探索多种形式的作业。就数学作业而言，我们尝试设计了知识结构类、综合实践类、调查研究类、文化浸润类、学科融合类、阅读写作类、探究实验类等作业，其目的是为学生构建起一个形式多样、智趣盎然、可供选择的作业世界，从而激发学习兴趣，提高学生的问题解决能力，培养学生的创新意识。

四、作业评价：从单一评价转向多元评价

传统的作业评价方式往往是教师评价，一般以"优、良、中、差"四个等级来评定，大多着眼于学生知识技能的评价，导致学生的学习走向重复、机械的双基训练。核心素养时代，作业评价要以学生为主，既要突出知识技能，又要突出过程方法，还要突出情感态度价值观，从多维度、多层面进行评价。即评价内容多维、评价主体多元、评价方式多样，通过评价学生的"知情意行"，鼓励学生自我监控学习结果和过程，提升学生的学习力，发展学生的核心素养，构建"教—学—练—评"一体化。

第三章　小学数学深度学习项目式探究作业的原则

第一节　质量标准

2021年国务院、教育部接连颁布两道"减负令",推动"作业革命",作业减负已是刚需。然而"双减"只是手段,"双减"的目的是实现教育质量的进一步提升。2022年4月,修订版的《义务教育数学课程标准》面世,让质量的提升有章可循。新版的课程标准要求"着力发展学生的核心素养",其"核心素养导向"非常明确。以核心素养为主线,构建课程目标、内容、活动、方式、评价,形成一体化的课程体系,而作业作为体系中的有机组成部分,理应彰显素养本位。小学数学教育基本目标是发展数学思维能力,因此作业也是培养学生思维能力的重要载体。然而通过大量课堂观察、访谈、问卷等形式调查发现,目前学生普遍不喜欢做数学作业,传统作业在时代背景下的弊端全面凸显。鉴于此,数学教育研究者和一线数学教师不妨以作业为抓手,系统思考和深入研究,优化作业设计,多角度、多维度、多层面培养学生的感知、能力、观念、意识等核心素养,促进学生全面发展。

一、坚持育人为本

"国势之强由于人,人材之成出于学。"小学数学深度学习项目式探究作业必须落实立身、立德、立美、立智、立行的根本任务,实现全员育人、全方位育人、全过程育人,培养认知能力、合作能力、创新能力和职业能力。

二、明确素养导向

作业目标必须与数学学科课程标准规定一致,全方位考虑知识与技能、

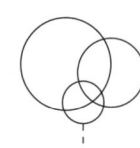

过程与方法、情感态度与价值观，兼顾儿童化、生活化、任务化。作业设计时，要有大局观，有远瞻性，看到素养目标。要看得到"人"，要把"想得到的美丽"（培养目标）转变成"看得见的风景"（课程目标），然后再明确"走得到的景点"（作业目标）。

三、结构设计合理

小学数学深度学习项目式探究作业不能只关注作业的巩固功能，还应关注学生的综合能力。作业结构包含作业目标、探究时机、作业内容、作业评价、作业类型等多种方面，需要综合考虑这些要素之间的整体分布。除此之外，教师要根据学生实际，设计难度符合学生认知情况的探究活动，避免过难或过易。设计时还要充分预设学生作业的完成时间和周期，保证学生的睡眠时间，呵护学生的身心健康。

四、探究类型多元

数学项目式探究作业可以围绕某一个知识进行设计，也可以围绕相关联的几个数学知识，或者基于数学文化、生活实际问题等进行设计，引导学生依托数学课堂中积累的知识技能和数学活动经验，借助互联网平台，在对比分析、横向迁移、纵向联系、理解应用、推理论证、批判解析等探究过程中巩固、拓展所学知识，发展思维能力。小学数学深度学习项目式探究作业分为知识结构类、综合实践类、调查研究类、文化浸润类、学科融合类、阅读写作类、探究实验类等不同类型。

五、体现个体差异

孔子提出的"因材施教"理论，苏联心理学家维果斯基提出的"最近发展区理论"，美国教育学家加德纳提出的"多元智能理论"都表明，教师需要基于学生学习水平、认知差异、兴趣爱好等方面的差异，对作业进行适当的差异化设计，关注每一个学生个体的发展。小学数学深度学习项目式探究作业应该在内容上体现目标性、层次性和拓展性，在形式上注重开放性、探究性和合作性，在方法上突出趣味化、多样化、生活化，在评价上包含公平性、激励性和启发性，以此提供多元支架，鼓励学生通过多种路径进行探究，让不同的学生获得不同的发展。

第二节　主要原则

项目式探究作业要以学生作为探究活动的主体，立足于学生的学，通过探索研究习得知识，获得经验，形成创新力。[①] 小学数学深度学习项目式探究作业遵循主体性、科学性、层次性、开放性、综合性原则，旨在帮助学生纵向整合单元脉络，横向融合不同学科，实现作业减"量"增"质"。

一、主体性原则

完成作业的主体是学生，教师设计作业的基本原则就是将学生视为能动的主体。有效的探究性数学作业，主要体现在通过完成作业，学生不仅可以巩固学习效果，还能提升数学素养。教师在设计作业时，应当基于学生的已有知识经验，结合学生的最近发展区，设计出既与学生现有数学水平相适应，又能促进学生数学潜能发展、满足学生数学学习需要的数学作业。教师需要在平时的课堂教学中以学生为主体，深入了解学生的数学学习基础和学习习惯，按照新课标要求，根据教学重难点和关键点，找到探究的切入点，设计和布置有针对性的数学作业，做到有的放矢。[②]

二、科学性原则

数学是一门有着严密逻辑和严格规范的学科。科学性原则是数学作业设计的重要原则，也是数学作业内容合理有效的前提和基础。教师在进行探究式数学作业设计时，要注意内容的针对性与形式的多样性，紧扣课堂教学目标，立足知识的掌握、重难点的突破，以及让学生获得综合运用能力等，将作业量控制得适中，难度得当，以有趣、多元的方式促进学生能力的养成与核心素养的发展。

此外，科学性原则还要求数学作业设计不仅内容要科学，而且表述也要准确。作业中如果出现知识性的错误，会给学生的学习和思考带来错误的引

[①] 马燕婷，胡靓瑛. 核心素养导向的作业设计 [M]. 上海：华东师范大学出版社，2021.
[②] 马文杰，李恩瑞. 中小学数学作业基本设计原则：反思与重构 [J]. 教育导刊，2020（2）：62-70.

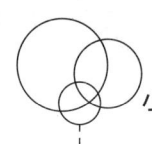

导。教师在完成作业设计之后，最好能自己先做一遍，确保题目对应的数学知识符合相应的数学规律和数学规则。要准确规范地使用各种图表和符号，题目中用到的生活中的情境要符合常理，例如不能说一棵大树高 200 米。如果是学科融合的探究作业，涉及其他学科的内容也必须符合相应学科的基本原理和学生的认知规律。作业中题目的叙述力求准确规范、简洁流畅，恰当且合理地体现数学知识的本质结构与基本特点，凸显"数学味"。

三、层次性原则

教师不仅在教学时应该注意因材施教，在设计作业时也应注意层次性，"一刀切"的作业形式总是让学生疲于应付重复性的作业内容，不能满足学生的个性化发展，而新课标更是倡导鼓励学生"自主探究与合作交流""尊重学生的个性差异，满足多样化的学习需要"。项目式探究作业设计提倡将数学作业的内容和要求适当地分成不同层次，如基础型、指导型、启发型、引导型、自主型、探究型、拓展型等，学生（低段学生可在教师或家长的协助下）根据自身数学知识基础、认知水平、学习需要、个人兴趣等自主选择相应的作业。层次性的作业设计可以提高数学作业的针对性，激发学生数学学习的兴趣，让不同层次的学生在完成作业的过程中收获成功的喜悦，并基于自己的"数学现实"实现数学的"再创造"，从而提升学习能力。

四、开放性原则

数学具有客观性和确定性，基于这种特点，很多数学作业都有一个确定的、唯一的答案，但有些时候，标准答案却成了束缚学生思维的枷锁。教师可以设计一些结论不唯一、条件不确定、解法多元化的开放性作业。开放性的练习能够帮助学生克服思维定式的影响，训练和启发学生的发散思维，促进学生个性化的理解。教师在进行作业设计时，应多创设开放的情境，便于学生通过图文信息的提取，依据不同的组合，提出和解决各种类型的问题。

五、综合性原则

数学在学科内，与其他学科之间，与社会生活之间不是割裂的，而是有着密切联系的。教师在作业设计时应综合性地梳理数学中不同单元、学段和专题之间知识的关联，促进学生对数学概念的深度理解，帮助学生结构化地

构建自己的数学知识体系。在立足数学学科的同时,教师可以尝试打破固有的学科边界,充分挖掘和运用各个学科之间的联系,通过学生熟悉的社会生活情境,引导学生探索各学科之间的契合点,努力在内容和形式上将数学与其他学科相融合,使各学科之间相互补充、相互促进,真正发展学生的思维。

第三节　目标要求

作业目标是作业活动的指向,决定着作业的内容、过程及评价。[①] 作业目标既反映了作业中的育人理念,也决定了作业的主体性、科学性、层次性、结构性、综合性等,对作业设计的整体质量起着决定性作用。小学数学深度学习项目式探究作业,应当基于数学学科本体,凸显数学本质,启迪数学思维。目标要求不能仅仅局限于学生知识、技能的达成,而应要注意对学生学习习惯、学习策略、学习品质、学习过程的关注,力求实现对知识掌握与学习能力提升的并行。

一、知识结构类作业目标要求

知识结构类作业要求学生将零散的知识,基于自己的理解,加以归纳和整理,建构知识网络、完善认知结构,并借此实现对知识的深度理解,发展数学学科素养。作业目标应基于数学课程标准的整体要求,体现不同知识之间的整合要求。例如通过阅读、观察和对比,让学生尝试建构分数、除法和比的知识体系,丰富加深对分数和除法的理解,提高灵活运用知识的能力。

二、综合实践类作业目标要求

综合实践类作业要求学生在实际情境和真实问题中,运用数学知识与方法,经历发现问题、提出问题、分析问题、解决问题的过程,积累活动经验,感悟思想方法,形成和发展模型意识、创新意识,提高解决实际问题的能力。综合实践类作业可以针对实践内容、实践方法、实践过程等提出不同的要

[①] 刘辉,李德显. 中小学作业设计变革:目标确认、理念建构及实践路径[J]. 当代教育论坛,2022,307(1):97—108.

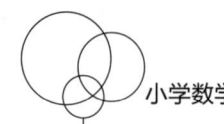

求①。例如通过定向越野，提升学生在生活中辨别方向、确定位置的能力；通过方案的制订，提升学生策划实践活动和解决生活实际问题的能力；通过学生合作、集体探究，培养学生团队意识和团队协作精神。

三、调查研究类作业目标要求

调查研究类作业要求学生经历调查与研究两个环节，引导学生将数学知识和生活经验进行整合运用，让学生在"学数学""做数学""说数学""用数学"的过程中得到自主发展，充分体验数学学习，体会数学的内涵和价值，实现数学核心素养的养成。作业目标可以从调查内容、研究方法等进行要求。例如通过"我来做老板"的实践活动，让学生经历方案设计、数据收集、交流沟通等环节，积累经验，并用复式条形统计图整理数据，从统计图中信息获得决策，感受数学在日常生活中的应用。

四、文化浸润类作业目标要求

文化浸润类作业要求学生通过具有文化底蕴的数学探究性作业，在完成作业过程中产生文化共鸣，体会数学文化与社会文化的互动，感受数学作业的乐趣与价值。作业目标可以是融合本体知识、探究知识本质、提升综合素养等。例如通过"探秘日历"的活动，提前为年、月、日相关知识打下基础，在探究中提升思维能力、合作能力，并充分感受中国传统文化。

五、学科融合类作业目标要求

学科融合类作业要求学生打通不同学科之间的知识壁垒，触摸知识外延，深入知识本质，融会贯通，形成体系，激发学生的学习兴趣与探究欲，发展创造性思维，促进学生的全面发展。学科融合类作业需要融合两门及两门以上的学科，作业目标要求体现不同学科在探究内容、方法、思维等方面的统整要求。例如，通过画出长方体展开图，理解长方体表面积的含义，掌握长方体表面积的计算方法；鼓励学生运用所学知识进行长方体物体的包装，充分考虑实用性与美观性，激发学生的创作兴趣，在发展空间观念的同时提升审美能力。

---

① 周丽霞. 培养初中学生数学应用意识和能力的实践研究［D］. 杭州：浙江师范大学，2018.

六、阅读写作类作业目标要求

阅读写作类作业要求学生通过阅读数学资料，开展阅读交流，掌控数学语言内涵、解读数学知识本质、感悟数学思想方法。通过完成数学写作，内化数学知识技能，增强数学情感价值，反思数学学习过程，总结数学活动经验，提升数学思维品质。作业目标要求具有知识性、过程性、素养性等。例如，通过阅读课本自主回顾复习的学习习惯，培养学生能够通过比较阅读，独立获取数学知识的能力，在阅读写作的过程中，培养学生的思辨能力，提高数学素养。

七、探究实验类作业目标要求

探究实验类作业要求学生借助实物或信息技术，在观察、操作、猜想、验证、反思中经历发现、提出、分析和解决问题的过程，探究建构数学概念、验证数学猜想、发现数学规律和解决实际问题。作业目标需要涵盖问题提出、实验设计、探究方法、结论呈现等。例如，通过完成"哪杯水最多"的实验，让学生经历根据已有经验猜测、验证、得出结论的过程，并尝试用完整的语言表达自己的发现，用"画一画"和"写一写"的方式记录过程。

作业是发展学生自主学习能力，实现深度学习的载体与契机。小学数学深度学习项目式探究作业要引导学生根据富有探究空间的问题进行发现、追问、调查、探究、质疑、评价、联结等思维活动，[1] 在探究过程中经历数学知识形成的过程，感悟数学思想方法，实现综合、全面的发展。

---

[1] 刘善娜. 指向思维发展的小学数学探究性作业的设计与实践［J］. 今日教育，2021，681 (10)：20-23.

第四章　小学数学深度学习项目式探究作业的策略

第一节　设计策略

作业是学生巩固课堂知识、内化学习内容、锻炼自主学习能力的重要工具。作业改革是提升学校教育质量的关键因素之一。《关于深化教育教学改革全面提高义务教育质量的意见》指出，要促进学生完成好基础性作业，强化实践性作业，探索弹性作业和跨学科作业，不断提高作业设计质量。在新时代背景下，对教师作业设计能力提出了更高要求。在深度学习的理念指导下，进行小学数学项目式探究作业设计，教师要有意识地为学生提供思维支架、提供参考资料和学习方法指导，帮助学生在原有的知识基础上建构知识，将学到的知识迁移运用于新的场景，培养学生解决问题的能力和创新思维。

一、联系共融策略

深度学习强调知识间的相互关联，实现知识的深层次加工。目前我们大多数的作业是零散碎片化呈现，这虽有助于知识的理解与巩固，但不利于知识的深层建构。在项目式探究作业设计时我们可以精心设计单元整合作业或知识结构类作业，找到同一知识的纵向联系和不同知识的横向联系。学生在完成探究作业时不仅要靠简单的记忆来解决，而且要对比联系，在作业中探寻知识本质，进行结构化思维，从而达到对知识的深度建构。

知识结构类项目式探究作业案例：

在学习完百分数后，教师布置作业"漫谈三数"。

经过多年的学习生活，数学已和大家结下了深厚情缘，分数、小数、百分数好像"三剑客"一样关系密切，请用喜欢的方式来表达这三者的关系，可以用举例、画图、计算等方式来解释。

设计意图：学生的输出源于对知识的深度理解。通过三者关系的表达激发学生的深度思考，培养学生结构化思维。

数学不是一门独立的学科，它与其他学科紧密相连，相互作用，彼此影响。进行作业设计时不仅需要关注本学科内知识的联系，还可拓宽视野，加强学科之间的联系，对学习资源进行重新整合，让各学科知识在数学学习中相互渗透、相互融合。设计学科融合类作业能打破学科界限，培养学生灵活运用各学科知识解决问题的能力，在潜移默化中提升学生的综合能力。

二、理解创生策略

深度学习要求学生在理解的基础上批判性、辩证性地学习新思想，并将新知识纳入自己已有的认知结构中去。在作业设计中渗透数学文化，能让学生见证古人对问题的思索过程及知识、思想的发展历程，有助于学生由浅层理解走向深层次理解，学会辩证性地看待问题。数学表达是建立在深度理解上的创造性输出，教师还可设计阅读写作类开放性探究作业，以此反映学生的数学体验和思考过程。

文化浸润类项目式探究作业案例：

例如学习两位数乘两位数的乘法竖式时，可加入不同国家、时代计算的方法，加深学生对乘法竖式本质的理解，即相同计数单位的累加。同时还能通过对比研究，辩证地分析每种方法的优势与不足，发展批判性思维。

\	两位数乘两位数计算各种方法对比			
计算方法	我国台湾计算方法	古印度计算方法	画线法	明朝"铺地锦"
每一步的含义				
优点				
缺点				
共同点				

阅读写作类项目式探究作业案例：

如果数据会说话，在学完平均数后，你猜猜平均数会对你说什么？下面两则材料，任选其一，以《会说话的数据》为题写作。

材料一：池塘指示牌显示平均水深 130 cm。材料二：小明在一班，平均体重 36 kg，小东在二班，平均体重 40 kg。

设计意图：数学不止眼前枯燥，还有风趣灵动。用数学写诗属文，未尝不是对数学的深度思考，还有利于培养学生抽象、表征变换等数学思维。

三、迁移运用策略

深度学习以发展学生高阶思维和培养学生解决实际问题的能力为目标，教师需以一些具有挑战性的作业内容为载体，让学生积极投入学习过程中去。作业的形式不仅限于书本内容，还可加入综合实践、社会调查、实验探究等具有操作性、实践性、社会性的活动。

数学知识既源于生活，又将运用于生活。与生活实际紧密联系的综合实践类探究作业能让学生在动手操作中，体验知识的形成过程，增加学生的生活经验，提升学生的数学运用和迁移能力。调查研究类作业鼓励学生带着数学的眼光，深入社会中，去调查、分析、研究社会生活中的一些现象和问题，在解决问题的过程中逐步形成自己的方法和策略，提升解决问题的能力。这些活动有助于学生形成积极的学习内动力、高级的社会性情感、正确的人生观、价值观和世界观，成为具有独立性、创造性的社会主义接班人。

四、分层共生策略

《义务教育数学课程标准（2022版）》提到："人人都能获得良好的教育，不同人在数学上得到不同的发展。"一个班级里的学生都会存在个体差异，统一的作业无法实现学生个性化发展。因此，教师在进行探究性作业设计时要充分考虑学生的身心发展规律以及已有的知识储备、兴趣爱好、学习能力、智力倾向等差异，分层设计作业。

教师可根据学生的前期知识储备和能力差异，设计不同数量和难度的作业，供学生选择，以达成符合其自身阶段发展的个性化目标；也可根据学生兴趣爱好、学习风格差异，设计不同类型的作业，提高学生完成作业的兴

趣。① 教师在进行作业设计时要充分尊重学生，不给学生分等级，而是引导学生根据自身情况选取适合自己的作业，鼓励学生向更高层次挑战。

1. 不同认知类型作业

关于三角形内角和等于180°这一知识点，教师可设计符合不同认知水平层次的作业供学生选择。

认知类型	作业设计示例
记忆	三角形内角和等于（　　）
理解	等腰三角形的底角是65°，则顶角是（　　）
推理	如果一个三角形不是直角三角形的话，那么它至多有几个钝角，或者至少有几个锐角？
分析	一个正方形和两个三角形位置如图所示，若∠3＝50°，则∠1＋∠2＝（　　）
创造	请你用三种方法证明三角形内角和等于180°

2. 不同学习风格作业

为了满足不同学生的学习兴趣，我们可以设计作业超市，针对同一主题设计不同类型的作业供学生选择。例如学习完"年、月、日"一课可设计不同类型的研究作业，学生根据自己的兴趣爱好去开展实践探究。

商品选项	主题选项
商品1：绘本阅读增见识	1. 组内商定，阅读一本跟年月日相关的绘本 2. 小组交流，并于综合实践课进行绘本分享 3. 揭秘疑问，一一呈现问题的历史来源 绘本推荐：《揭秘时间》《买卖时间》《有趣的月亮观察绘本》《月亮不见了》《二月的秘密》……
商品2：资料收集强理解	1. 网上查阅跟年月日相关的数学故事视频，大月、小月的演变，平年和闰年的由来 2. 收集资料了解古罗马历法的演变
商品3：科学探究求本质	1. 结合科学课，了解年月日背后的自然原理 2. 开展模型制作，演示年月日的产生过程

---

① 王月芬. 未来学校作业改革面临的六大挑战［J］. 教育家，2021（34）：30－32.

第二节 实施策略

基于深度学习的小学数学项目式探究作业是课程视域下传统作业的优化与创新，有策略、有技巧地布置作业是探究作业高效实施的重要保障。作业本质上是学生自主学习的过程，[①] 其主体是学生，因此，项目式探究作业要在充分理解儿童的基础上，根据数学学科特点和深度学习要素实施布置。

一、基于儿童视角的布置策略

1. 控制时间，适量布置

"双减"政策要求减轻学生过重的作业负担，全面压减作业的总量和时长。"五项管理"也对作业管理提出了明确要求。项目式探究作业的布置要充分考虑儿童身心健康，严格控制作业量和作业时间。对于探究难度较小、完成时长较短的内容可布置当天完成；对于实践调查等完成时间较长的探究内容可适当延长时间，布置为周末作业或一周作业，给予学生充足的活动时间和灵活的支配空间。针对不同层次的学生完成探究的时间也不尽相同，教师可根据学情，给予学生更多内容和时间上的选择，充分考虑学生的个体差异，坚持"以生为本"的适量布置原则。

2. 巧设情境，趣味布置

学生完成项目式探究作业需要由理论走向实践，实现低阶思维到高阶思维的转变，有一定的难度和挑战。而"好动、好玩、好奇、好胜"是儿童的天性，只有关注到儿童心理特征和内心需求，才能激发他们完成作业的主观能动性。因此教师在布置作业时，需要设计趣味性的情境和挑战性的任务以激发学生的完成热情和求知欲，帮助学生实现由被迫完成到主动探究的态度转变。

例如，错题收集分析是我们常布置的一项作业。学生能在错题收集中总结经验和教训，学会在反思中成长。同一项作业的布置方式，也会影响学生完成的积极程度。下面是同一种作业的三种不同的作业布置方式。布置方式一：请同学们完成本单元错题收集。布置方式二：今天我们将开启本单元的

---

① 王月芬. 重构作业：课程视域下的单元作业[M]. 北京：教育科学出版社，2021.

"找坑"之旅，找到学习旅途中的"坑"——本单元的易错点，分析"排坑"之法，让我们学习之旅畅通无阻。布置方式三：开启数学"门诊"，同学们轮流坐诊，解答别人的"疑难杂症"。同学们将典型错题作为问诊单，由"医生"出具"治疗方案"，即错题分析与解答方法。第一种方式学生感受的是一种作业任务，为了完成作业而收集分析。第二种方式将学生代入情境，"集错"即"排坑"，让错题收集在任务情境中更加有趣，激发学生主动参与的欲望。第三种以角色扮演的方式参与"问诊活动"，更具游戏性和挑战性，学生融入感更强，参与性更高。

3. 形式丰富，多元布置

多元智能理论认为，不同的人具有不同的认知风格，教师应尊重学生的个性差异，在布置项目式探究作业时应提供多样化的完成方式，可以是书面形式的，也可以是作品展示、口头表达、动手操作等形式。可以布置个人独立完成型或小组合作型作业，分别培养学生独立思考和合作交流能力。多元化作业布置，给予了学生更多的选择空间，可以促进学生综合能力的发展。

例如，在三年级学习混合运算后，为加深学生对算式意义的理解，正确掌握运算顺序，设计了如下的探究活动：根据两组混合运算算式创编童话故事。学生完成形式不必拘泥于文字表达，还可创作漫画、录制视频、表演故事情景剧等。这些多样化的参与形式既能激发学生探究动力，又能满足学生的个性化发展需求。

二、基于学科特点的布置策略

1. 整体规划，系统布置

数学学科具有严密的内部逻辑，知识结构存在连续性、整体性和系统性特点。我们应以教材内容为主线，将学科知识结构转化为问题结构，以学期或学年为单位系统规划项目式探究作业体系。在这个过程中，我们不仅要准确认识探究作业在当前学习阶段的重要意义，更要深刻把握其在新、旧知识衔接以及为后续知识学习作铺垫方面的关键作用。通过一系列有规划、成体系的探究活动，学生的认知水平、思维方式、知识能力及核心素养将得到系统性提高。

2. 结合内容，适时布置

知识类型不同，学生习得方式存在差异，探究的布置时机也有讲究。项目式探究作业需要根据内容和目标找准合适的布置时机，才能事半功倍。有的内容适合作为前置作业，引发学生自主探究，为新知学习做铺垫，促使学

生在课中进行深度思考。有的内容适合作为后置作业，帮助学生及时巩固所学知识，延展课堂教学，引发学生深度思考。当需要了解孩子认知起点，为新知学习做铺垫或新知可由迁移习得时，可在课前布置项目式探究作业；对于新知中概念容易混淆、理解较困难、需要延展或融入生活时，可在课后布置项目式探究作业。[1]

例如，在学习北师大版数学三年级上册"里程表"相关知识时，学生对里程表比较陌生，需要生活经验的铺垫，因此可设计课前探究作业，如让学生记录家里的水表、电表的读数，感受读数变化，提前积累关于里程的认知，调动学生学习的积极性。在学生学习完"里程表"之后，教师针对如何区别刻度和增量这一难点，可设计"增量理解之水杯实验"，让学生动手操作，亲身体验刻度数据与增量的区别与联系，从实践活动中突破难点，深入数学本质。

三、基于深度学习的布置策略

适时追问，分步布置。学生的探究往往不是一蹴而就，而是逐步走向深入的。根据 SOLO 分类理论，学生的思维发展需要一定过程，我们可通过学生的作业反馈了解学生所处的认知水平，再根据反馈进一步设计和调整布置方案，适时追问引发学生深度思考，让学生的思维层次实现由前结构到抽象拓展结构的变化，使学习走向深入。因此，项目式探究作业可呈阶梯式分步布置，由浅层探究出发，经教师问题引领，一步步走向深层次探究。

例如，"面积"和"周长"是学生容易混淆的两个概念。在学习面积单元时可布置项目式探究作业：你心中的面积是什么？它和周长一样吗？请画一画，写一写。学生会画图表示它们的不同，还会提到它们的计算方式不同，教师抓准时机继续追问，设计项目式探究作业：一个平面图形，周长越长，面积就越大吗？请你举例论证。学生从数据计算和举例论证中进一步辨析周长与面积的区别。两次探究活动，从不同角度对比辨析，层层深入，找到概念的本质，推动学生的深度学习。

---

[1] 刘善娜. 这样的数学作业有意思——小学教学探究性作业设计与实施[M]. 北京：教育科学出版社，2021.

第三节 评价策略

研究表明，学习过程中没有信息反馈的练习无法有效调控和促进学习，教师和学生的信息传递应该具有双向性。学生完成项目式探究作业后教师要进行及时的评价反馈，给予学生持续学习的动力，引发学生的再思考，帮助学生改进学习方法，促进学生高阶思维和能力的提升。

一、多元化评价策略

1. 评价内容多元化

多元评价理论是在多元智能理论上发展而来的。多元智能理论认为，人的智能是多元化的，每个学生都有其独特的魅力与长处，我们不能只按一个标准去评价学生，而应学会寻找学生的优势智能，放大其闪光点，激发其最大潜能。对学生的评价内容不仅是知识的掌握情况，更应是观察力、分析判断力、迁移能力、创造能力、态度、情绪、意志、兴趣等多角度的评价。

2. 评价主体多元化

项目式探究作业应将老师、学生、家长一起纳入评价主体中，实现评价主体多元化。教师评价，引领方向；学生自评，促进反思；小组互评，互助成长；家长评价，侧面助力。评价中教师要采取多种评价方式，把握评价方向，真正发挥教育评价的引领作用，学生通过互评自评培养"反省思维"，促进自主学习。家长评价能帮助家长及时了解学生学习状况，促进家校合作，助力孩子成长。

3. 评价形式多元化

探究作业除了纸笔评价，还可将作品以交流的形式在班级分享展示，生生互评。学生探究作业的作品还可通过网络或智慧平台发布共享，让家长或更多人都能观看和评论。

这种多角度、多主体、多形式的评价方式关注学生的差异性，更能激发学生对探究作业的参与兴趣，满足个性化学习需求，促进学生全面发展。

例如，教师在教授"年、月、日"之前布置探究作业《探秘日历》，学生根据不同主题制作出精美的日历。学生分小组讲述与主题相关的日历知识并展示自己的日历作品，之后学生根据讲解内容、表达效果、作品质量展开多

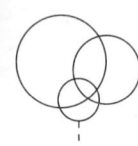

维度的生生互评。生生互评之后，教师将小组作品发布到网络或智慧平台，由大家投票选出最美作品。实践证明，这种丰富的评价形式深受学生喜欢。

二、发展性策略

我们不仅应关注评价的导向和诊断功能，更应重视评价的激励和发展性功能。

1. 关注兴趣发展

赞赏激励性评价能为学生的自主学习和发展提供动力，增加学生探究的兴趣，维持学习的持续力。深度学习的一项重要表征是全身心的参与，有学者甚至用"参与"来界定深度学习，认为深度学习是高度投入、高度认知参与并获得意义的学习。[1]

深度学习中学生不是被动地完成任务，而是积极主动地投入其中。休利特基金会对深度学习展开过研究，提出了六大深度学习能力，其中一大能力为发展和维持学术意念。而儿童最初的持续动力源于教师的鼓励和学习过程中获得的成就感和满足感。儿童有被认同和自我实现的心理需求，教师正面积极的评价能激发学生内在的学习动力和对成功的渴望，使其保持持久的学习兴趣和学习动力。教师应在作业中寻找学生的进步之处或发现学生智慧的闪光点及创造性的想法和做法，提出真诚且具体的表扬，使学生感受到成功的快乐，从而产生更强的学习欲望和探究动力。

例如，当学生在完成项目式探究作业"用长度单位和质量单位描述我们的生活"时，教师应尽量避免空洞而敷衍的评价，如"你真棒""很不错"，而要言之有物的评价，如"你抓住物体'大'和'重'这两个特点，好有创意""1吨的大象，1克的蚂蚁，有对比，有意思""你还画图表示，看了你的图，老师对长度单位和质量单位有了更深、更清晰的认识"等。

2. 关注认知发展

布鲁姆认知目标分类理论将学生认知水平分为六个层次，前两个层次"记忆、理解"为"浅层学习"，后四个层次"分析、应用、评价、创造"为"深度学习"。[2] 学生的思维层次往往是由浅入深，最开始有的学生不一定马上就能进入深度学习，需要在学习和探究中层层深入，而这种深入有时需要教师适时地启发和引导。教师以启发性的评语点拨学生，使其学习由浅层学

---

[1] 崔允漷. 指向深度学习的学历案 [J]. 人民教育，2017（20）：43-48.
[2] 安德森，克拉斯沃尔，艾雪辛，等. 学习、教学和评估的分类学——布卢姆教育目标分类学修订版 [M]. 皮连生，译. 上海：华东师范大学出版社，2007.

习走向深度学习。

例如，当学生完成课前探究性作业"面积与周长的区别"时，会指出面积和周长的计算公式不一样，单位也不一样，这时学生的认知水平只是"记忆、理解"的浅层学习水平，教师可评价"为什么单位不同，算法不同呢？"引发学生进一步思考，去分析背后的原理，探究知识的本质，启发学生的深度学习。

三、增值性评价策略

评价不仅只关注探究作业的成果，还应关注学生在探究过程中的能力生长。增值性评价主要衡量学生在一段时间的学习过程中各方面的水平差异，关注学生的自身"增值"，是对学生各方面素质发展程度的评价。增值性评价更关注学生的成长变化，体现"立德树人""以人为本"的教育理念。区别于终结性评价，增值性评价关注过程性。我们对探究作业的评价除了对最终作品的评价外，还应关注学生在探究活动中获得的能力增长。学生的各项能力不是在某一次探究活动就能建立和发展的，具有长期性，因此我们的探究作业评价要有整体规划性，建立探究活动档案袋或作品集，关注学生的能力起点，在经过一阶段探究活动后对比学生前后变化，做出增值性评价。

祝智庭教授在研究中提出了智慧教育中深度学习冰山模型（图4-1），注重学生能力从认知到自我，从认知到人际的发展。[①]

我们可根据智慧教育深度学习的十大能力指标设计评价量表动态化观察记录学生的能力变化，关注学生的纵向发展。

---

① 祝智庭，彭红超. 深度学习：智慧教育的核心支柱 [J]. 中国教育学刊，2017（5）：36-45.

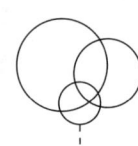

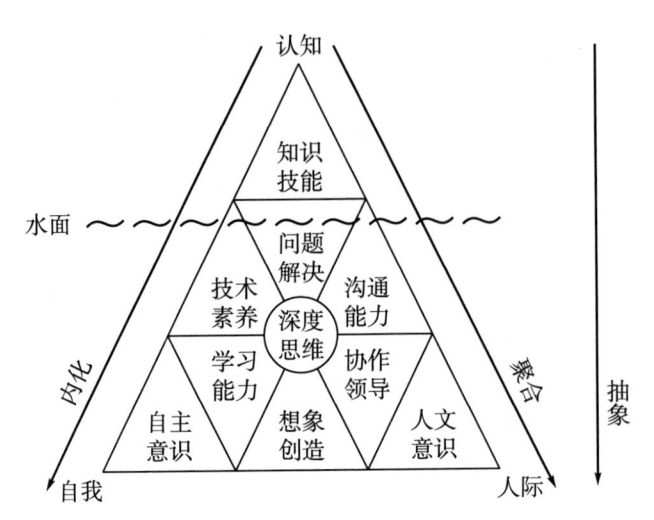

图 4-1　深度学习冰山模型

下篇

小学数学深度学习
项目式探究作业的类别与设计

第五章　知识结构类

第一节　知识结构化的内涵概述

"双减"政策落地之后,"大作业观"一跃成为教育界的热词。"大作业观"认为,作业的本质就是学生创造性的探究活动。随着作业观的变迁,传统作业的困境逐步得到化解,作业的育人价值开始重新释放。而知识结构化的案例就是在"大作业观"下指向知识形成过程的类型之一。

《现代汉语词典》对"结构"的解释有：①名词,各个组成部分的搭配和排列；②名词,建筑物上承担重力和外力的部分的构造；③动词,组织安排。

总体来看,"结构"无论是做名词还是做动词,都蕴藏着它的特性：整体性、转换性、差异性、构成元素的关联性、可理解性等。

人们依赖分类和结构来认知世界。对于新事物,我们喜欢自下而上,运用分类,将物体拆解为几部分,逐步归纳提炼结构；而对于熟悉的事物,我们通常运用整体模块化的直觉,自上而下寻找结构。

数学知识、方法、思想是一个有机联系的整体,具有严密性,本是一个系统的知识结构。但受学习时空、认知规律等因素的影响,原有的知识结构被拆解为一个个零散的知识进行学习。

那么,什么是知识结构化呢？知识结构化好的学习者能将零散的知识,基于自己的理解,加以归纳和整理,在自己头脑中形成特有的认知结构。知识结构化是学习者知识结构建构、内化、完善的过程,借此实现对知识的深度理解,形成素养,最终使学习者拥有"站起来环顾四周"的能力。

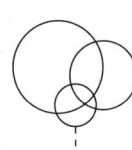

第二节 知识结构化的方式与价值

现仿照建构学,结合多元智能理论,梳理小学数学结构化流程图,抓住元素,建立联系,最终形成如图5-1所示的结构。

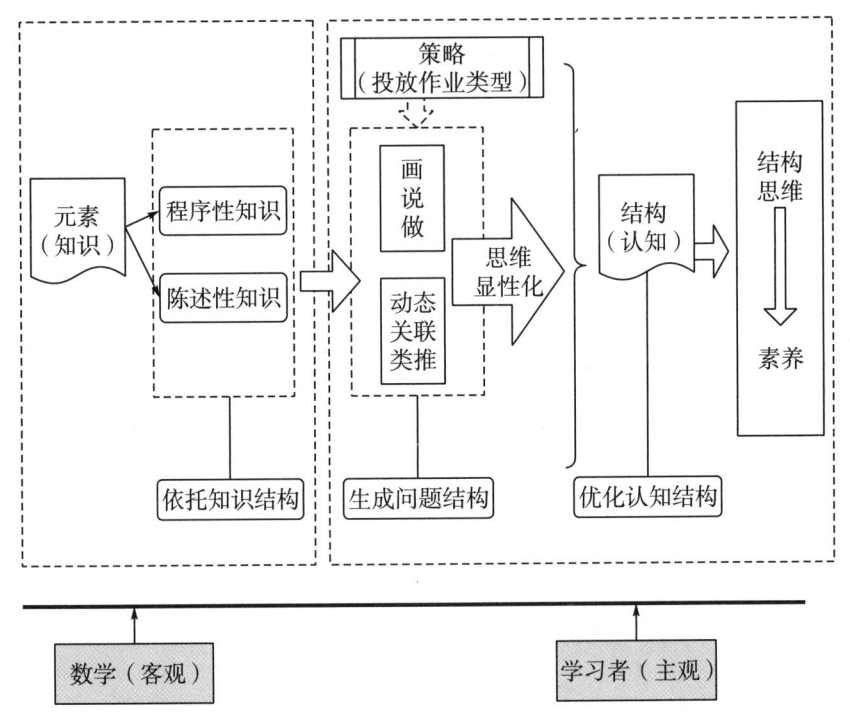

图5-1 知识结构化流程

从图5-1中可以清晰看出三种结构化的关系,即学习内容知识关联结构化(知识结构化)、核心问题任务结构化(思路结构化)、思维结构化(素养结构化)。将以上三种结构的关系制作成如图5-2所示的结构塔。

图5-2 三级结构化

从静态、动态、意义三个角度来分析知识结构化，观察的视角不同，观察的结果也不一样。从静态角度看，知识结构化是一个结果，由于学习者的经验水平不同，所以最终呈现的结构化程度有差异；从动态角度看，知识结构化是一个过程，通过教师的整体建构，激发学习者的内在潜能，学习认知始终处于不断变化完善中；从意义角度看，知识结构化可帮助学习者搭建思维支架，突破难点，从而优化认知结构，进阶完善认知结构，提升学习者思维素养（如图5-3所示）。

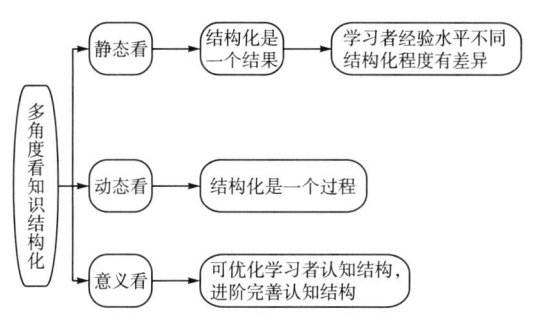

图5-3 多维度知识结构分析

总之，结构化学习的终极目标是知识网络建构，思路有效迁移，思维认知进阶，素养自动生成。知识结构化型作业散发着迷人的魅力，让学习者沉醉于学科实践，通过逐步的探究，将知识点聚沙成塔，在头脑中形成结构，从而实现思维素养的自能化。

案例一　分合之旅

探究时机：
学习北师大版数学五年级上册"组合图形的面积"后。
探究目标：
通过不断找寻分合例子，打通知识的联系，培养学生将数学知识结构化的意识和能力。
探究内容：
《三国演义》第一回提到："分久必合，合久必分。"分分合合，这样的"历史"在我们数学书中也在不断地上演。让我们一起跟随学习的脚步，翻开数学课本，追忆往昔。你产生了哪些疑问？找到了哪些答案呢？为什么分？为什么合？这背后的道理是什么呢？

亲爱的伙伴，请你找一找、想一想、填一填，挑战一下吧。

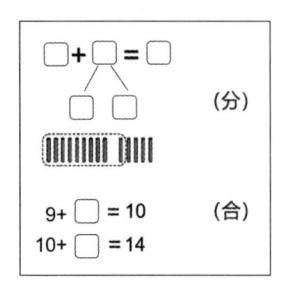

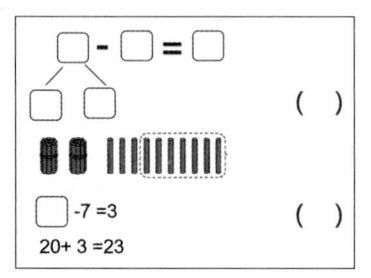

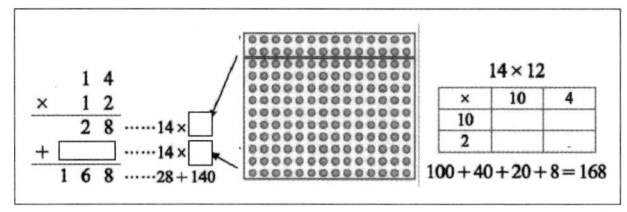

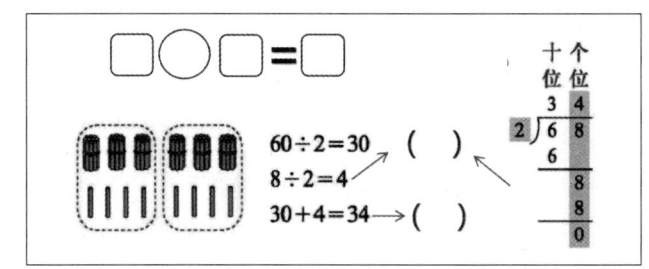

□+□=□ （分）
□
9+□=10 （合）
10+□=14

□-□=□ （ ）
□-7=3 （ ）
20+3=23

```
    1 4
  × 1 2
  ─────
    2 8  ……14×□
  +     ……14×□
  ─────
  1 6 8  ……28+140
```

14×12	10	4
10		
2		

100+40+20+8=168

```
     3 4
   ┌────
 2 )6 8
     6
    ──
     8
     8
    ──
     0
```
十位 个位

□ ○ □ = □

60÷2=30 （ ）
8÷2=4
30+4=34 → （ ）

图形的学习里我们也找到了"分"和"合"的影子。

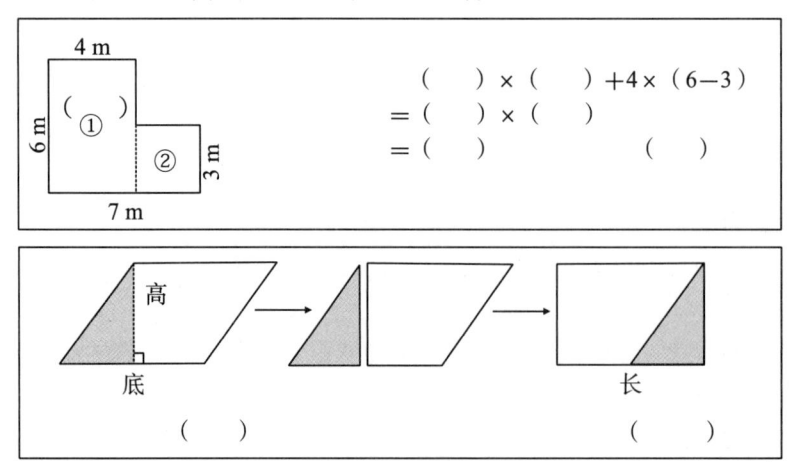

4 m
6 m ①
    ② 3 m
7 m

( )×( )+4×(6-3)
=( )×( )
=( )   ( )

高
底
( )

长
( )

你还能找到其他的"分"和"合"吗？写一写，画一画。当然这个过程中，如果你还有什么新发现、新想法，也欢迎你说出来。（可用录音或者视频方式记录下来）

探究记录：

亲爱的伙伴，请你找一找，想一想，填一填，挑战一下吧。

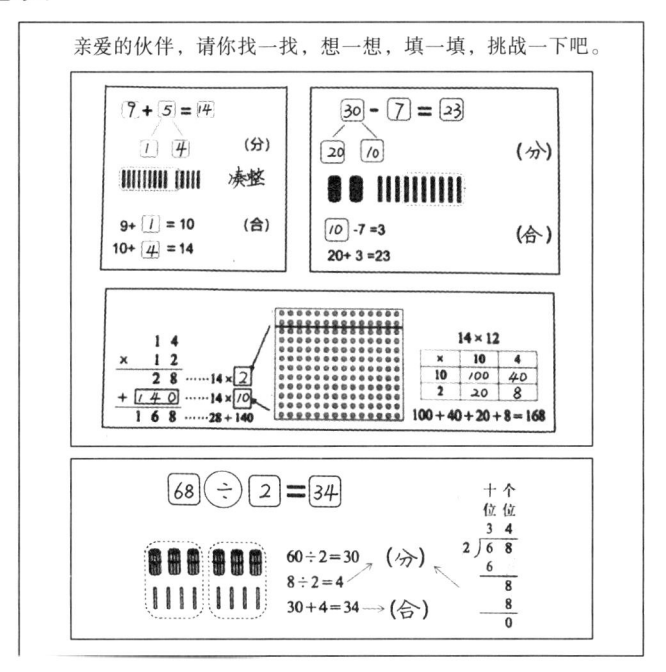

$\boxed{7} + \boxed{5} = 14$
$\boxed{1}\ \boxed{4}$ （分）

凑整

$9 + \boxed{1} = 10$ （合）
$10 + \boxed{4} = 14$

$\boxed{30} - \boxed{7} = \boxed{23}$
$\boxed{20}\ \boxed{10}$ （分）

$\boxed{10} - 7 = 3$ （合）
$20 + 3 = 23$

```
   1 4
 ×   1 2
  2 8  …… 14×⑵
+ 140  …… 14×⑽
  168  …… 28+140
```

14×12

×	10	4
10	100	40
2	20	8

100+40+20+8=168

$\boxed{68} ÷ \boxed{2} = \boxed{34}$

$60 ÷ 2 = 30$ （分）
$8 ÷ 2 = 4$
$30 + 4 = 34$ （合）

```
   十 个
   位 位
    3 4
  2)6 8
    6
    ─
    8
    8
    ─
    0
```

图形的学习里我们也找到了"分"和"合"的影子。隐藏中的分与合

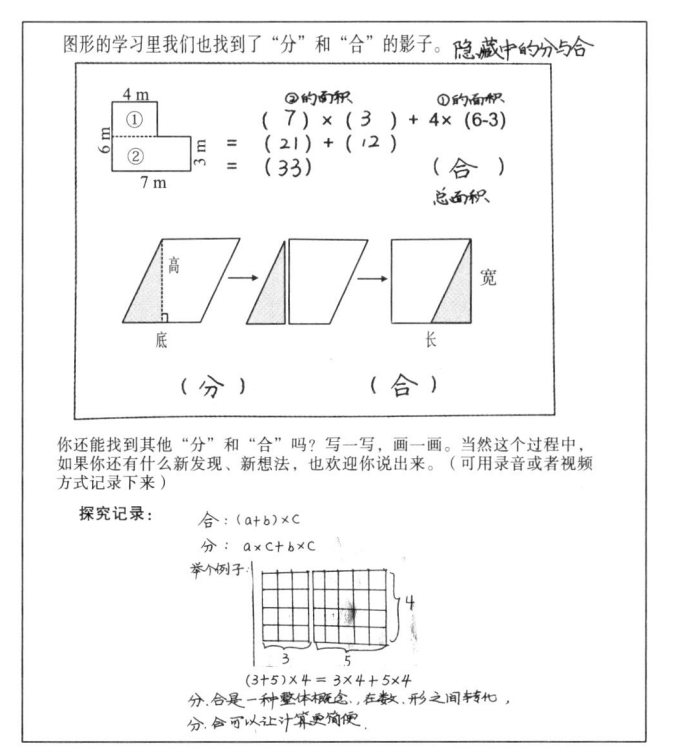

②的面积　①的面积
$(7) × (3) + 4 × (6-3)$
$= (21) + (12)$
$= (33)$　（合）
总面积

高 → → 宽
底　　　　　长
（分）　　（合）

你还能找到其他"分"和"合"吗？写一写，画一画。当然这个过程中，如果你还有什么新发现、新想法，也欢迎你说出来。（可用录音或者视频方式记录下来）

探究记录：
合：$(a+b) × c$
分：$a × c + b × c$

举个例子：

$(3+5) × 4 = 3×4 + 5×4$
分、合是一种整体概念，在数、形之间转化，
分、合可以让计算更简便。

电子科技大学附属实验小学　姬菡亭

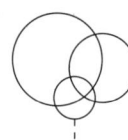

> **教师评价：**
> 不断寻找中，慢慢有了感觉，有了自己对分合的理解（整体、转化、化繁为简……），真好！期待你们在交流碰撞中，有更多新的发现……

本案例入选理由：

1. 学生通过在数与代数、图形与几何知识领域以及不同学段中寻找分合模型，激发进一步联想，类比过去掌握的知识、方法，不断搭建支架，把整块的知识打碎，把碎片的知识重组，从而构建自己的知识网络。

2. 学生以此次作业为契机，在回顾应用中，思考研究方法的一致性和可迁移性，从而提升了解决问题的能力。

3. 学生通过不同的视角，学段融通、数形结合，学会用整体、联系、发展的眼光看待世界。

案例二 一统天下

探究时机：

学习北师大版数学三年级下册"千克、克、吨"后。

探究目标：

通过回顾生活中常见的量的相关知识，引导学生思考数学知识的产生、关联及其意义，帮助学生建立起知识结构。

探究内容：

同学们，你知道秦始皇嬴政除了一统天下，他还统一了什么吗？其实还有文字、货币、度量衡（长度、质量、体积）、车辙等。这些"统一"，跟数学有什么关系呢？

思考一：秦始皇为什么要统一它们？（可选择一种单位说明，也可对多种单位解释说明）

思考二：你学过（知道）哪些单位？试着完成下表。

类型	作用	单位名称	进率（相关单位换算关系）
货币单位	方便购物	元、角、分	1元=10角　1角=10分

思考三：对于这些单位的产生，你有什么想说的？有没有你想创造的单位？你认为创造这个单位还需要规定什么？你想用这个单位来解决什么问题？

探究记录：

> 思考三：对于这些单位的产生，你有什么想说的？有没有你想创造的单位？你认为创造这个单位还需要规定什么？你想用这个单位来解决什么问题？
> 答：因为不知道什么时候起床，不知道什么时候种庄稼，人们创造了时间单位。不知道的时候就想办法创造出新的东西，我觉得只要发动脑筋就没有不能解决的问题。
> 我想创造的单位还没想好，但是同样大小的棉花和铁为什么不一样重，大小一样质量又不一样，可以用什么来衡量呢？

电子科技大学实验中学附属小学　李安成

> **教师评价：**
> 同学们，秦始皇嬴政一统天下，统一度量衡，为统治辽阔的中国地域打下了基础。上面我们所提到的度量单位，是在人类漫长的发展过程中，逐步建立和完善起来的度量标准和系统。学生经过对各类单位产生来源的深入思考，意识到统一度量单位是非常必要的，同时也感受到了数学知识与现实生活的联系。

本案例入选理由：

1. 学生把散落在各册、各单元的零散知识串起来，分析其产生背景，回顾单位名称，理解同类单位间的换算关系，从而帮助他们整体建构知识、内化知识，并逐步完善知识结构。

2. 学生通过讨论生活中常见的量的产生背景，体会不同情境下的单位选择和单位换算，进一步感受数学与生活的关联，形成初步的应用意识。

3. 学生通过主题整合，对单位的感悟由感性上升为理性，学会用整体、联系、发展的眼光看待单位问题，养成科学的思维习惯。

<h2 style="text-align:center;">案例三　变与不变</h2>

探究时机：

学习北师大版数学三年级下册"面积"后。

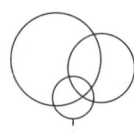

探究目标：

通过回顾旧知，引导学生感受在数与代数、图形与几何等领域的知识内涵、核心任务以及问题解决中的变与不变，帮助学生理解不同情境下的同一数学知识的本质。初步培养学生数学方法、知识结构化的意识。

探究内容：

"盖将自其变者而观之，则天地曾不能以一瞬；自其不变者而观之，则物与我皆无尽也。"亲爱的同学们，数学知识也是如此，世界数学题有千千万，我们无须一一见识，只要厘清其中变与不变的规律，便可做到闻一知十、触类旁通。下面我们来小试牛刀吧！

	探究内容	探究记录		探究后感受
1	画一画，说一说。 3×2 4×3 2×5 4×6 5×4	变	变	
		不变		
	6×9？圈一圈，填一填。 6×9=6×□+6×□	变	不变	
		不变		

	探究内容	探究记录		探究后感受
	算一算，比一比，你发现了什么？你能写出两组类似的题目吗？ 12×6 ○ 16×2 25×4 ○ 24×5 14×5 ○ 15×4 16×5 ○ 15×6	变	变	
		不变		
2	周长与面积的比较。 用长16厘米的铁丝围长方形，你能围出几种？填一填。说一说你有什么发现？ | 长/厘米 | | | | | | | 宽/厘米 | | | | | | | 周长/厘米 | | | | | | | 面积/平方厘米 | | | | | |	变	不变	
		不变		

第五章 知识结构类

	探究内容		探究记录	探究后感受
3	如果要比两家药店的单价，应该用什么方法来计算？请列出算式。 两家药店卖同一种口服药，哪家药店的便宜？ 康全药店 益民药店 每盒80元。 8瓶装 6瓶装 每盒72元。	变	变	
		不变		
	如果已经算出一共计划造 900 架飞机，应该用什么方法来计算？请列式计算。 画一画，算一算。 玩具厂要做一批小飞机，计划每天加工 180 架，5 天完成，实际完成任务只用了 4 天，平均每天加工多少架？	变	不变	
		不变		
	如果已经算出这段路程是 2400 米，应该用什么方法来计算小马返回时平均每分跑多少米？请列式计算。 小马去送玉米，去的时候用 8 分，返回时用 6 分。它返回时平均每分跑多少米？ 现在我每分跑300米。 返回时快多了！	变		
		不变		

探究记录：

	探究内容		探究记录		探究后感受
2	7. 算一算，比一比，你发现了什么？你能写出两组类似的题目吗？ 12×6 ⊙ 16×2　　25×4 ⊙ 24×5 14×5 ⊙ 15×4　　16×5 ⊙ 15×6	变	相乘的积	变	题型、意义	两个数相加的和确定后，再拆分成两个数，这两个数越接近，积就越大，这个规律在数中适用，在图形中也可以用。
		不变	相加的和			
	12. 周长与面积的比较。 （1）用长 16 厘米的线围成长方形，你能围出几种？填一填。 长/厘米　7　6　5　4 宽/厘米　1　2　3　4 周长/厘米 16 16 16 16 面积/平方厘米 7 12 15 16 你有什么发现？ 长宽不变，长宽越接近，面积越大。	变	长、宽的长度变了，形状变化，面积变了	不变	总数 ①题是相加的和不变 ②题是周长不变	
		不变	周长			

电子科技大学附属实验小学　曾伊恬

47

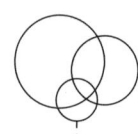

教师评价：

同学们，数学既是运算、推理的工具，又是表达、交流的语言。作为三年级的学生，你们能在这些看似无关却又有联系的题目中发现数学知识的本质，真了不起，希望未来，你们能有更多发现。加油吧，同学们！

本案例入选理由：

1. 学生通过数形结合的方式，理解乘法的意义，感受知识变与不变的本质，形成知识关联结构化。

2. 学生通过列表的形式对比两数和相等时，差与积的变化规律，推理出当和相同时，差越小，积越大的规律，类比算式比大小。演绎推理当周长一定时，长、宽越接近，面积越大。类比推理数形中的变与不变，形成任务结构化。

3. 学生通过对三种数量关系的分析，建立"把总数按份数平均分，求每份数"这一除法模型，形成思维结构化。

案例四　有序思考真是妙

探究时机：

学习北师大版数学三年级下册"数学好玩"后。

探究目标：

开展数学活动，让学生在不同情境中体会有序思考的应用，初步培养学生思路结构化和数学方法结构化的意识。

探究内容：

"数学年度小达人"大赛

【关卡1】淘气和笑笑所在的学校要举行"数学年度小达人"大赛，张老师计划在班内选拔设立奖品，用3张20元的纸币、5张5元的纸币、3枚1元的硬币，一次性购买下面三种物品。在不找钱的情况下，张老师一共有几种不同的付钱方法？

11元　23元　14元

【关卡2】笑笑凭借实力突出重围,要代表班级参加本次大赛,她把自己喜爱的2件上衣,2条裤子和1条短裙挑了出来。亲爱的小朋友,你知道她有几种不同的穿法吗?

【关卡3】摆数字比赛现场,笑笑抽到4、6、9这三张数字卡片,请问这3张数字卡片可以摆出多少个不同的两位数?请把它们全部写出来。

在解决上面三种问题时,要做到不重复、不遗漏,你有什么好的建议?还有哪些情况可以用到这样的方法呢?

探究记录:

> 在解决上面三种问题时,要做到不重复、不遗漏,你有什么好的建议?还有哪些情况可以用到这样的方法呢?
>
> 答:上面的问题要做到不重复、不遗漏,我们应该做到有顺序的思考,不能想到哪儿就说到哪儿,要确定再写答案,想好该按什么顺序,在数线段的题目也可以用这样的方法。
>
> A   B   C   D   E

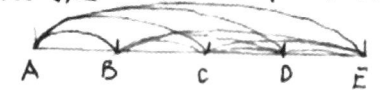

电子科技大学附属实验小学　李昕璐

教师评价：
　　同学们,遇到情境较复杂的题,如果不进行"有序"观察,分析和思考都将遇到重重困难,甚至无从下手。学会把事物用符号表示,运用符号有序解决生活中常见的问题,既能帮助我们在复杂情境中抽丝剥茧,又能帮助我们形成良好的思维习惯,真是妙啊!

本案例入选理由：

1. 按顺序观察、按逻辑分析,被称为"有序思考"。"序"是指按内外、远近、前后等根据题目特点而总结、概括后的顺序。当我们养成了有顺序地、

全面地思考问题的习惯时，排列、组合等类似的问题便可迎刃而解。

2. 对于低段学生而言，教师协助学生将知识进行结构化分类整理，有利于将螺旋呈现的课程内容进行系统联结，增强学生问题任务结构化意识。

案例五 我认识的三角形

探究时机：
学习北师大版数学四年级下册"认识三角形和四边形"后。

探究目标：
从构建三角形知识结构出发，将"我认识三角形"知识点进行一个整体性把握，让知识之间相互关联，彼此验证，最终形成知识结构。

探究内容：
中国对角早有研究，早在春秋战国时期，有一本名叫《考工记》的书，记载了几种特殊角的名称：90°角叫作"矩"，45°角叫作"宣"，135°角叫作"磬折"等。从此可见，从古至今人们一直都没有停止对"角"的探索。你能否根据箭头等符号完成思维导图，建立自己的知识结构体系。

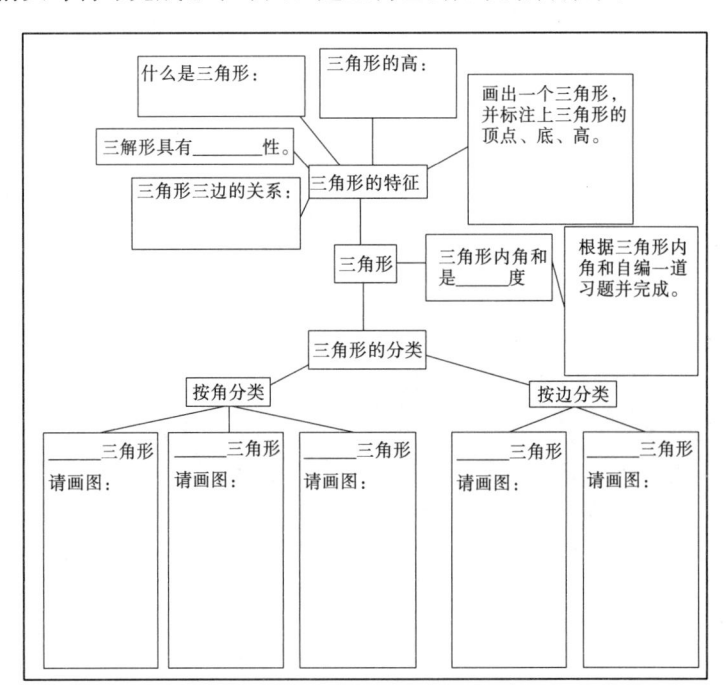

探究记录：

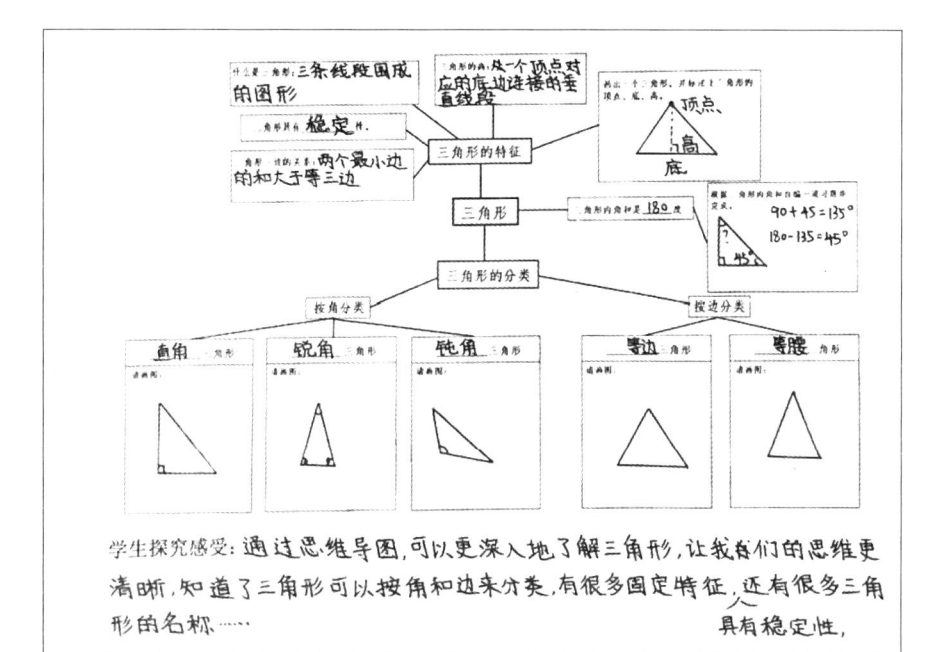

电子科技大学附属实验小学　李思

教师评价：

在"我认识的三角形"这个作业中，同学们通过结构化思维导图的形式，根据教材内容对"三角形"知识点进行整理归纳，体会到了寻找知识点之间的联系、梳理知识结构的过程，加深了对知识点的理解。希望在以后的学习中，同学们能更多地应用这样的方法来帮助自己建立知识结构体系。

本案例入选理由：

本作业设计针对教材中较为零散的知识点，让学生从整体到局部，构建结构化的思维导图，帮助学生建立深入完善的认知结构，有意识地引导学生提炼知识点之间的联系和区别，让学生初步体验演绎推理的思维过程。

案例六 "按比分配"的那些事儿

探究时机：
学习北师大版数学六年级上册"比的应用"后。

探究目标：
通过阅读、观察、对比，让学生尝试建构分数、除法和比的知识体系，加深对分数和除法的理解，提高灵活运用知识的能力。

探究内容：
请仔细阅读材料，并做好研究记录。

我国古代数学名著《九章算术》是由数学家张苍等人编纂，书中"均输"和"衰（cuī）分"就介绍了古人的分配方法，其中"衰分"讲的就是按比分配。书中记载"衰分术曰：各自列衰，副并为法，以所分乘未并者各自为实，实如法而一。不满法者，以法命之"。这句话的意思是，将所分配的份数按次序排列出来。把所分配的份数相加之和作为除数，把所分的数分别乘所分配的份数作为被除数，分别用被除数除以除数。被除数不是除数的倍数，用除数做分母，结果用分数表示。

例如：有15千克糖果，按3∶2∶1分给小红、小明、小刚三名同学，每人分得多少千克糖果？

古人解法：

①各自列衰：按照3，2，1的次序排列起来；

②副并为法：3+2+1=6，把6作为除数；

③所分的数：15；

④以所分乘未并者各自为实：15×3=45（千克），15×2=30（千克），15×1=15（千克），把45，30，15分别作为被除数；

⑤实如法而一：$45÷6=\frac{15}{2}$（千克），$30÷6=5$（千克），$15÷6=\frac{5}{2}$（千克）；

⑥不满法者，以法命之：因为45和15不能被6整除，所以结果写成分数形式，并化简。

现代解法：

$15÷(3+2+1)=\frac{5}{2}$（千克），则$\frac{5}{2}×3=\frac{15}{2}$（千克），$\frac{5}{2}×2=5$（千克），$\frac{5}{2}×1=\frac{5}{2}$（千克）。

综上所述，小红分 $\frac{15}{2}$ 千克糖果，小明分 5 千克糖果，小刚分 $\frac{5}{2}$ 千克糖果。

探究1：古代和现代的解法有什么区别呢？请你结合"比"的知识和同伴讨论一下吧，并记录下来。

探究2：这个问题你有其他方法可以解决吗？把你的方法写下来。这些方法里说明了"按比分配"和哪些知识点有联系？你能详细描述一下它们之间的联系吗？

探究记录：

```
① 15 × 3/(3+2+1)
  = 15 × 3/6
  = 15/2 (kg)

② 15 × 2/(3+2+1)
  = 15 × 2/6
  = 5 (kg)

③ 15 × 1/(3+2+1)
  = 15/6 (kg)
  = 5/2 (kg)
```

答：这个解法用了单位"1"与分数的关系的思想，说明"按比分配"与分数的知识点有联系。"3+2+1"作为分母，也是总份数，分子是对应的份数。

答：《九章算术》是中国古代的数学名著之一，说明中国发展迅速，古代人的智慧不可估量。像这样的例子还有很多，数学正说明中华文化各方面远超国外，所以，我们应该记住古人的方法，传承下去。

电子科技大学附属实验小学　胡熙珃

教师评价：
在"古对今"的算法对比中，同学们能够尝试去探究古今的联系与区别，透过计算去研究算理与算法，用箭头等符号建立分析结构，说明了你们的学习方式正从碎片化慢慢走向结构化，从浅表学习迈向深度学习，期待你们在未来能建立起有自己特色的学习体系。

本案例入选理由：

1. 高段学生学习数学不应该只停留在会写、会算的层面，而是能够将自己所学的知识构建成一个体系，让知识结构化，尽力摆脱碎片化的学习方式。

2. 学生通过阅读资料会发现，解决"按比分配"需要依托分数和除法的

知识，这有助于学生进一步体会分数、除法和比的联系，使学生的认知结构更加完善合理。

3. "文字理解"和"信息提取"对于逻辑思维正在初步形成的高年级学生是一个难点，案例资料增大了学生的阅读量，将语言与数字融合，有助于培养学生"信息提取"的能力。阅读中进行的知识转化与建构，亦有助于学生的深度学习。

案例七　一理贯穿，"曲直"通畅

探究时机：
学习北师大版数学六年级下册"圆柱的体积"后。

探究目标：
1. 通过类比，深入理解柱体体积的计算。
2. 通过原理的介绍，让学生了解数学文化，激发数学学习的兴趣。
3. 通过对比，探索柱体体积的共性。
4. 通过讨论，让学生对"体积"的学习由"离散性"转变为"结构性"。

探究内容：
祖暅原理也称祖氏原理，是一个涉及几何求积的著名命题。该原理说到"幂势既同，则积不容异"，其中"幂"是截面积，"势"是立体图形的高，意思是说两个或多个等高的立体图形，如果在等高处的截面积相等，则它们的体积相等。

同学们，中国的传统文化博大精深，古人对数学的研究更是充满着智慧，现在让我们一起用学过的知识来理解祖暅原理吧。

探究1：请你计算下图中长方形和平行四边形的面积，并说说有什么结论?

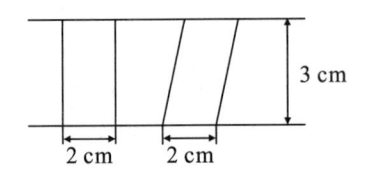

探究2：(1) 把几枚一元硬币如下图堆叠在一起是什么图形? 体积怎么算?

第五章 知识结构类

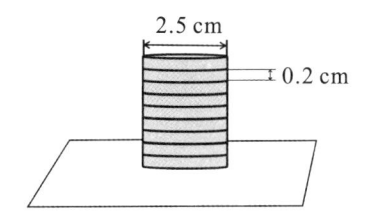

(2) 如果把这些硬币如下图一样摆放，体积会发生变化吗？为什么？

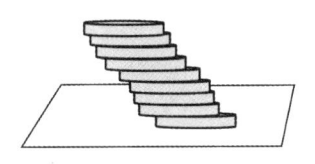

探究3：把几本大小完全一样的书如下图摆放，什么变了？什么没变？为什么？

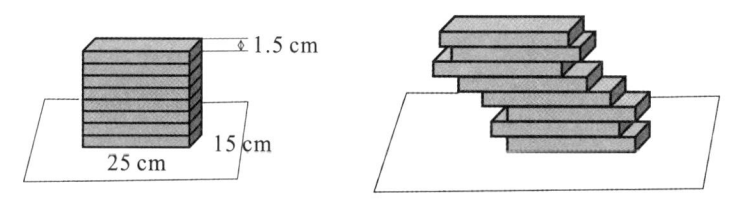

探究4：请结合前面的探究说说你对"祖暅原理"的理解，思考下图中立体图形的体积相等吗？

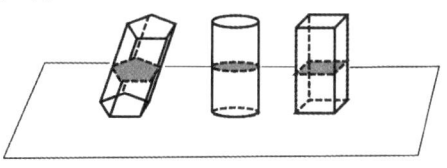

探究记录：

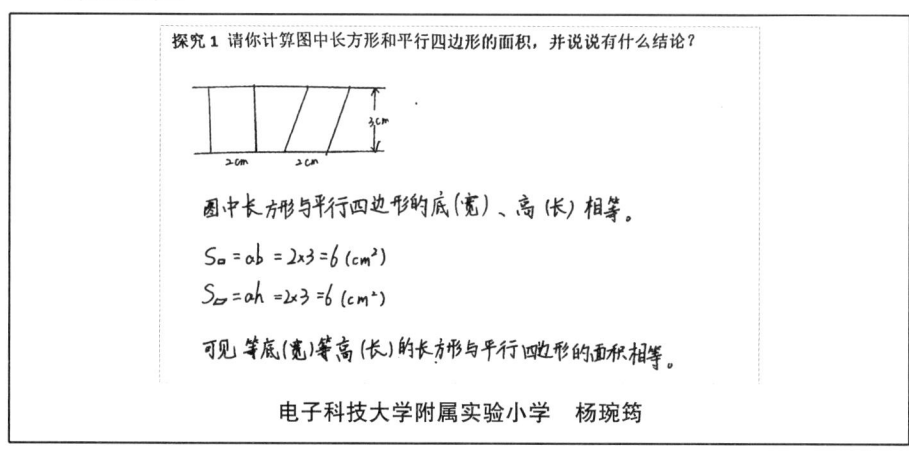

> 探究1 请你计算图中长方形和平行四边形的面积，并说说有什么结论？
>
> 图中长方形与平行四边形的底（宽）、高（长）相等。
>
> $S_□ = ab = 2×3 = 6 (cm^2)$
>
> $S_▱ = ah = 2×3 = 6 (cm^2)$
>
> 可见等底（宽）等高（长）的长方形与平行四边形的面积相等。
>
> 电子科技大学附属实验小学　杨琬筠

探究2 （1）把几枚一元硬币如图堆叠在一起是什么图形？体积怎么算？

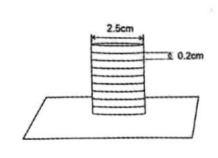

它是一个圆柱。
$V = S \times h$
$= (2.5 \div 2)^2 \times \pi \times (0.2 \times 9)$
$= 1.5625 \times 3.14 \times 1.8$
$= 8.83125 (cm^3)$

答：它的体积是 $8.83125 cm^3$。

电子科技大学附属实验小学　陈梓豪

（2）如果把这些硬币如图一样摆放，体积会发生变化吗？为什么？

答：我认为不会发生变化。因为硬币的数量没有变，而且我在实际操作过后发现把这些硬币摆正，可以还原成(1)中的圆柱，既如此，它们还是等底等高的，所以体积不变。

电子科技大学附属实验小学　陈梓豪

探究3 把几本大小完全一样的书如图摆放，什么变了？什么没变？为什么？

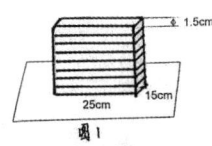

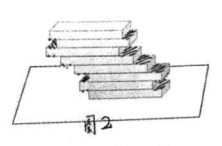

图1　　图2

从图1变成图2的过程中：体积没变，表面积变了。因为图1和图2中书的数量是一样的，所以体积没变；图2比图1多露出来一些（阴影部分），所以表面积变了。

电子科技大学附属实验小学　王宇珩

> **探究 4** 请结合前面的探究说说你对"祖暅原理"的理解，思考图中立体图形的体积相等吗？
>
> 祖暅原理：
> 若 $S_A = S_B = S_C$，
> 且 $h_1 = h_2 = h_3$，
> 则 $V_{三棱柱} = V_{圆柱} = V_{长方体（四棱柱）}$
>
> 电子科技大学附属实验小学　王宇珩

学生探究感言：

古代数学家真有智慧，原来他们那早就找到了体积共同的特点。我还想知道这个原理可以找到圆锥体积或球体积的共性吗？

> **教师评价：**
> 　　同学们，你们在研究学习的过程中对古人的智慧有了一些理解，对你们来说数学的学习不再是对单个公式的记忆，而是对数学文化的传承和知识结构的构建。这个知识结构融合了平面和柱体，未来希望你们还能一以贯穿锥体和球体。

本案例入选理由：

1. 学生能够在直观感知的基础上研究问题，既增强了他们数学学习的体验，又引导了他们从感性走向理性。

2. 探究的过程，由标准的柱体转化向倾斜的柱体，由学过的圆柱和长方体延伸到多棱柱，体现了知识结构的延续性。这个过程可以引导学生寻求知识的生长点，将所学过的知识前后贯通。

3. 学生在问题的引领下，能明确思考问题的方向，掌握由浅入深的学习模式，实现知识的结构化和深度学习。

案例八 寻知识之"源",显"结构"之梁

探究时机:
学习北师大版数学六年级上册"比的认识"后。

探究目标:
1. 通过已有知识感知"比的基本性质"。
2. 通过探究对比,建立"比的基本性质"与"商不变的规律""分数的基本性质""小数的基本性质"之间的知识结构。

探究内容:
求出下列各比的比值。
(1) 20∶30   0.2∶0.3   8∶12   1∶1.5
(2) 90∶50   45∶25   0.9∶0.5

探究1:观察题目的比值有什么特点?比的前后项发生了什么变化?选择两个比写出你发现的规律。

探究2:尝试再写几组和题目有相同规律的比。

探究3:用简洁的语句总结概括你发现的规律。

探究4:题目中存在的规律,与分数的基本性质、商不变的规律、小数的基本性质有怎样的联系?

探究5:你认为这种规律有什么用途,请举例说明。

探究记录:

探究1

探究1 观察题目的比值有什么特点?比的前后项在发生什么变化?选择两个比写写你发现的规律。

我发现(1)题的比值都是 $\frac{2}{3}$,(2)题的比值都是 $\frac{9}{5}$,并且比值相同的比,前后项都有相同的变化。

例如:$20∶30 \xrightarrow{\div 100} 0.2∶0.3 = \frac{2}{3}$ (前后项都除以100)

$0.2∶0.3 \xrightarrow{\times 40} 8∶12 = \frac{2}{3}$ (前后项都乘40)

电子科技大学附属实验小学　刘芯妤

探究2	**探究2** 尝试再写几组和题目有相同规律的比。 $\frac{1}{3} : \frac{1}{4} = \frac{4}{3}$ 和 $4:3 = \frac{4}{3}$ （×12） $15:25 = 3$ 和 $15:5 = 3$ （÷5） <div align="center">**电子科技大学附属实验小学　刘芯妤**</div>
探究3	**探究3** 用简洁的语句总结概括你发现的规律。 我发现比的前项和后项乘一个相同的数或除以一个相同的数，结果不变。 就像在约分一样。 <div align="center">**电子科技大学附属实验小学　刘芯妤**</div>
探究4	**探究4** 题目中存在的规律，与分数的基本性质、商不变的规律、小数的基本性质有怎样的联系？ 比：前项　比号　后项　比值 → 不变的规律 分数：分子　分数线　分母　分数值 → 分数的基本性质 除法：被除数　除号　除数　商 → 商不变的规律 我感觉它们在本质上是可以通用的。 <div align="center">**电子科技大学附属实验小学　李翼博**</div> **探究4** 题目中存在的规律，与分数的基本性质、商不变的规律、小数的基本性质有怎样的联系？ 分数基本性质：$\frac{4}{7} = \frac{4×3}{7×3} = \frac{12}{21}$ 商不变的规律：$(4÷7) = (4×3) ÷ (7×3) = 12 ÷ 21$ 小数基本性质：$0.6 = 0.60 = 0.600 = 0.6000 = \cdots\cdots$ 本题规律：$4:7 = (4×3):(7×3) = 12:21$ 1. 同是"同时乘（除以）同一个数"。 2. 结果不变。 <div align="center">**电子科技大学附属实验小学　王宇珩**</div>

> 探究5
>
> 探究5 你认为这种规律存在什么样的用途，请举例说明。
>
> 我认为这个规律类似分数的基本性质，所以它可以
> 用来化简分数，也可以化简比。
>
> 例如：36:72 = (36÷9) : (72÷9)　　　$\frac{6}{9}$ = 6:9
>
> 　　　　　　= 4 : 8　　　　　　　　　　= (6÷3) : (9÷3)
>
> 　　　　　　= (4÷4) : (8÷4) = 1 : 2　　 = 2 : 3

电子科技大学附属实验小学　李翼博

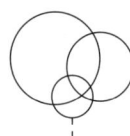

> **教师评价：**
> 　　同学们通过已经学习的知识理解了新的规律"比的基本性质"，同时能发现这些知识之间的联系，说明你们已经具备一定的"知识再建"能力。在数学领域，看似知识是独立的个体，实际追本溯源，它们之间都有着我们看不见的桥梁，同学们要做的就是让这些桥梁显现出来。

本案例入选理由：

1. 任何知识都不是独立存在的个体，知识之间存在着不易被发现的桥梁，当通过探究发现这些桥梁时，知识的结构也就能呈现出来。

2. 学生可以根据比与除法的关系，结合商不变的规律理解比的基本性质，也可以根据比和分数的关系，结合分数的基本性质探索比的基本性质。在这个过程中，学生很难把比的基本性质与小数的基本性质相联系，但是经过此探究作业，学生会发现"比的基本性质""商不变的规律""分数的基本性质""小数的性质"都具有相同的知识之"源"，从而将知识的"桥梁"搭建起来。

3. 本案例呈现的不仅是一个问题的研究，更是一种构建知识结构、实现深度学习的方法。学生基于知识进行学习，而教师通过有效的问题引导学生挖掘隐藏的思想方法。在这个过程中，学生在逻辑推理、符号化、模型化的学习模式中发现知识之间的关联，从而提高类比归纳等学习能力。

案例九 "圆柱体表面积"新探究

探究时机：
学习北师大版数学六年级下册"圆柱体表面积"后。

探究目标：
通过实践、画图、观察、对比等方式，引导学生感受图形与几何领域的知识内涵，探索问题的实际解决方式，从而提高归纳总结和灵活运用知识的能力，发展空间想象力。

探究内容：
生活中有很多的圆柱体问题，例如：

1. 一个有盖圆柱形铁皮油桶，底面直径为 4 分米，高 5 分米，制作这样一个油桶至少需要多大面积的铁皮？

2. 一个圆柱体儿童水池，底面直径是 6 米，深 1.2 米，现在水池的内壁和底部抹上水泥，抹水泥的面积是多少？

3. 北京紫禁城太和殿中有 72 根圆柱体大柱，这些大柱都是由整根金丝楠木所制。其中一根顶梁高 12.7 米，直径 1 米。现要进行文物修复，那么修复这根顶梁需要的面积是多少？

对比以上三个问题中的圆柱体有什么不同？它们求解表面积的过程有什么区别和联系？用自己的方法探究一下。

探究记录：

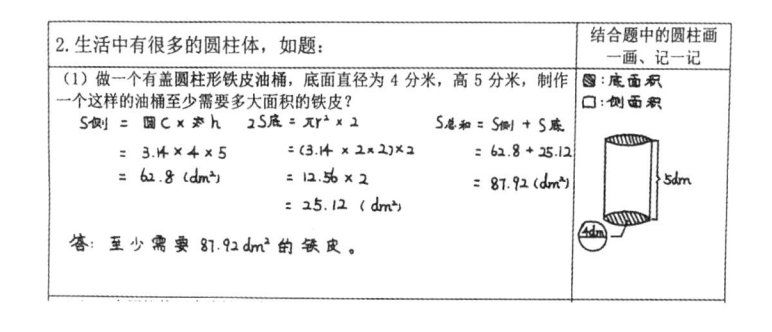

> 2. 生活中有很多的圆柱体，如题：
>
> (1) 做一个有盖圆柱形铁皮油桶，底面直径为 4 分米，高 5 分米，制作一个这样的油桶至少需要多大面积的铁皮？
>
> $S_侧 = 圆C \times h$　　　$2S_底 = \pi r^2 \times 2$　　　$S_总和 = S_侧 + S_底$
> $\quad = 3.14 \times 4 \times 5$　　$\quad = (3.14 \times 2^2) \times 2$　　$\quad = 62.8 + 25.12$
> $\quad = 62.8 \,(dm^2)$　　$\quad = 12.56 \times 2$　　$\quad = 87.92 \,(dm^2)$
> $\qquad\qquad\qquad\quad = 25.12 \,(dm^2)$
>
> 答：至少需要 $87.92 \,dm^2$ 的铁皮。
>
> 结合题中的圆柱画一画、记一记
> 阴影：底面积
> 空白：侧面积

(2) 一个圆柱体儿童水池，底面直径是 6 米，深 1.2 米，现在水池的内壁和底部抹上水泥，抹水泥的面积是多少平方米？

$S_{侧} = 圆C \times h$
$= 3.14 \times 6 \times 1.2$
$= 22.608 \ (m^2)$

$S_{底} = \pi r^2$
$= 3.14 \times 3 \times 3$
$= 28.26 \ (m^2)$

$S_{水泥} = 22.608 + 28.26$
$= 50.868 \ (m^2)$

答：抹水泥的面积为 $50.868 \ m^2$。

(3) 北京紫禁城太和殿中 72 根圆柱体大柱，这些大柱都是整根金丝楠木所制。其中顶梁一根高 12.7 米，直径 1 米。现要进行文物修复，那么这根顶梁柱需要修复面积是多少平方米？

$S_{侧} = 圆C \times h$
$= (3.14 \times 1) \times 12.7$
$= 3.14 \times 12.7$
$= 39.878 \ (m^2)$

答：修复面积为 $39.878 \ m^2$。

联想生活中的实物，对比三道题中圆柱体有什么不同的地方？它们求解表面积的过程有什么区别和联系？用自己的方法探究一下，并加以阐述自己的观点？

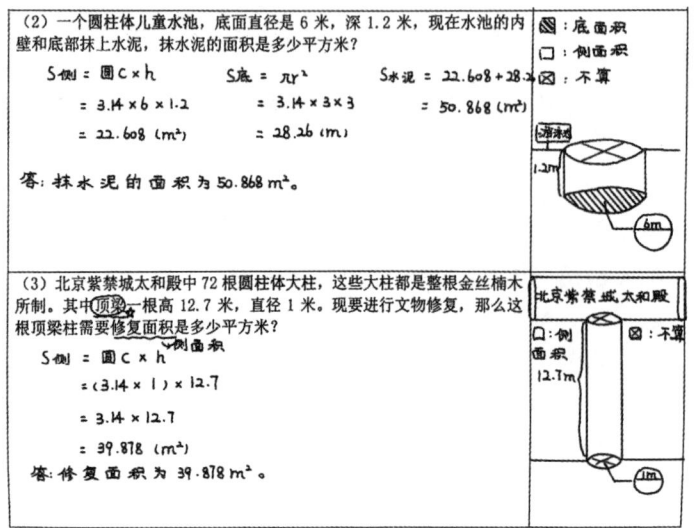

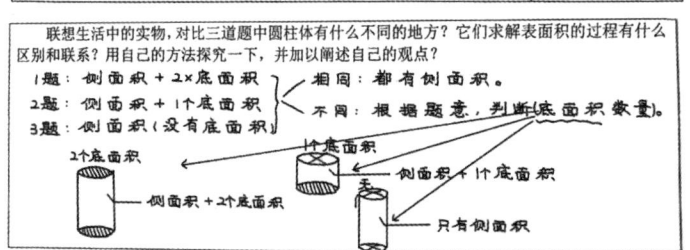

1题：侧面积 + 2×底面积
2题：侧面积 + 1个底面积
3题：侧面积（没有底面积）

相同：都有侧面积
不同：根据题意，判断（底面积数量）。

电子科技大学附属实验小学　杨希贝

教师评价：

　　学生们通过对生活中不同形状的圆柱体的对比、整理，把握圆柱体的本质属性，加深对数学方法与思想的理解与把握。

本案例入选理由：

　　通过"不同特点的圆柱求表面积"问题，引导学生依托圆柱体图形的构成，建立图形与方法之间的联系，总结解决问题的策略，加深对图形的理解，从而发展空间观念。

案例十　隐藏的包装经济

探究时机：
学习北师大版数学五年级下册"数学好玩"中"包装的学问"后。

探究目标：
1. 回忆长方体表面积的推导过程，加深对知识的理解。
2. 掌握多个长方体的包装方法，并能得出最节约的包装方法。
3. 提高学生空间想象力，感受极限思想、数形结合思想在"探索多个长方体叠放后使其表面积最小"问题中的应用。
4. 体会数学与生活的紧密联系，激发学生从生活中探索数学的兴趣。

探究内容：
在现实生活中，任何产品都有其独特的产品包装设计，这些设计并不是制造商和设计师凭空想出来的，任何产品的设计都要考虑社会、经济和消费者的需求。只要我们仔细观察就会发现，其实所有的产品设计中都隐藏着我们不易察觉的经济学。

一、数据来说话，你发现了什么

一级任务：长方体的长、宽、高与表面积关系。

长方体表面积与自身的（　　）、（　　）、（　　）的长度有很大的关系，当棱长总和相等的长方体、正方体中谁的表面积最小？试举例探究。

二、动手操作验证我的发现

二级任务：多个相同的长方体组成新的长方体的形态与表面积的关系。

1. 根据所学知识经验，请你猜一猜如果将右图所示的8个这样的香皂盒包装在一起（接口处不计），怎样最节省包装纸？

请摆一摆、画一画、算一算，你发现了什么？包装表面积最小时的长、宽、高有什么样的关系？

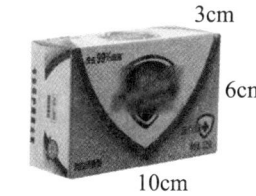

2. 班级有48名同学，一共48本相同的数学书，如何设计包装方案呢？同学们可以通过动手操作、小组交流，探求方法。

三、生活包装中的经济价值

三级任务：研究问题在生活中的价值。

通过对本次作业的研究，我们发现多个长方体组成新的长方体，当长、

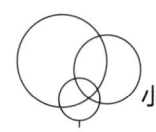

宽、高数值越接近，表面积就越小，也就是说，越趋于正方体，表面积越小。既然如此，超市里的糖果盒、牛奶盒为什么不设计成正方体呢？这并不符合节约的理念，这是为什么呢？请同学们继续调查了解，看看包装中还有哪些学问！

　　在现实生活中，任何产品都有其独特的产品包装设计，这些设计并不是制造商和设计师凭空想出来的，任何产品的包装设计都要考虑社会、经济和消费者的实际需求。

　　同样长度的线段，横放和竖放的视觉效果是不一样的，人们往往会觉得竖放的线段比横放的线段要长。由于存在这样的视觉错觉，消费者往往更愿意买那些外形细长的包装，而不愿意买那些外形矮胖的包装产品。出于这样的考虑，厂家当然不愿意在材料上省一点小利而损失庞大的消费群体。

　　牛奶盒的产品设计者发现，如果将包装设计为方形的盒子或者袋子会比圆柱形更加有效地利用冰箱的储藏空间。再从人们喝牛奶习惯考虑，牛奶都是倒在其他容器中饮用或者插入吸管来饮用，这时候盒子或者袋子就比圆柱瓶子方便很多了。好的产品设计，不仅要表现其功能上超强的优越性和实用性，还要使产品成本降低、便于生产，从而提高产品的市场竞争力。除了商品包装设计中隐藏的经济利益之外，生活中的许多产品设计都充满了经济学的智慧。

探究记录：

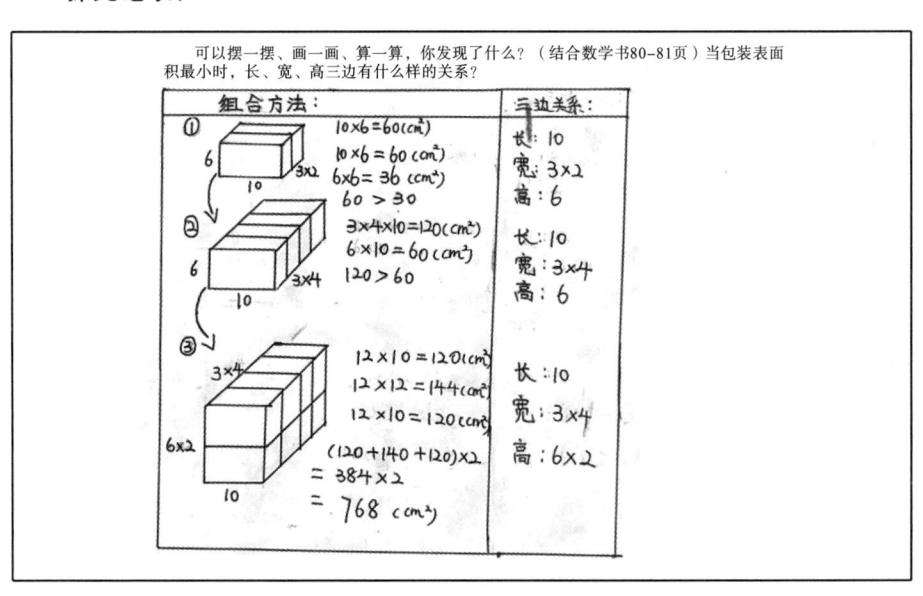

电子科技大学附属实验小学　　叶欣怡

教师评价：
同学们，你们通过观察、计算和对比，发现了隐藏的"面越大，表面积越小"的规律，得出了"隐藏大面最节约包装纸"的结论，而且还观察出最省表面积的长方体的长、宽、高之间的关系，了不起！

本案例入选理由：
本次作业设计，通过提出"数据来说话，你发现了什么"这个数学问题，学生将活动探究的目的直指知识本质——长方体结构，也就是对长方体表面积公式进一步内化理解。通过本次作业，学生思考包装方案并根据实际情况进行调整，从而感受到数学知识在生活中的应用，加强了应用意识的培养。

第六章 综合实践类

第一节 综合实践的内涵概述

综合与实践是小学数学学习的重要内容。学生将在实际情境的真实问题中，运用数学和其他学科的知识与方法，经历发现问题、提出问题、分析问题、解决问题的过程，感悟数学与其他知识和生活实践之间的联系，从而积累经验，培养创新意识，提高解决实际问题的能力，形成和发展核心素养。

1. 聚焦学科核心素养

综合实践应注重对学生学科核心素养的培养，关注学生合作、探究、体验、交流、评价、反思等能力的提升，充分利用教材资源和社会资源，开发有利于学生核心素养提升的实践内容。

2. 关注学习方式的转变

综合实践应注重学生学习方式的转变，要克服传统教学中课堂环境受限、课程内容枯燥、学习方式单一的弊端，通过实践引领、自主探究、深度体验、情境学习等方式，开拓学习空间，促进学生生长。

3. 注重学生的深度参与

综合实践应注重学生的深度参与。学生在明确活动任务后，通过自主设计、实践体验、自我创生三个环节，真正参与问题解决的全过程，促进学生能力的提升。

4. 体现真问题、真情境

综合实践应注重与日常生活紧密结合，根据地域特点、学生成长需求和学校实际，确定基于生活问题、科学探究、创意设计的综合实践内容，如绘制校园平面图、定向越野、反弹高度、有趣的测量、设计秋游方案、音乐中的数学、制作灯笼等。

第二节 综合实践的方式与价值

一、设计思路

自主设计、实践体验、自我创生是综合实践的三个关键环节，它们之间的关系如图6-1所示。

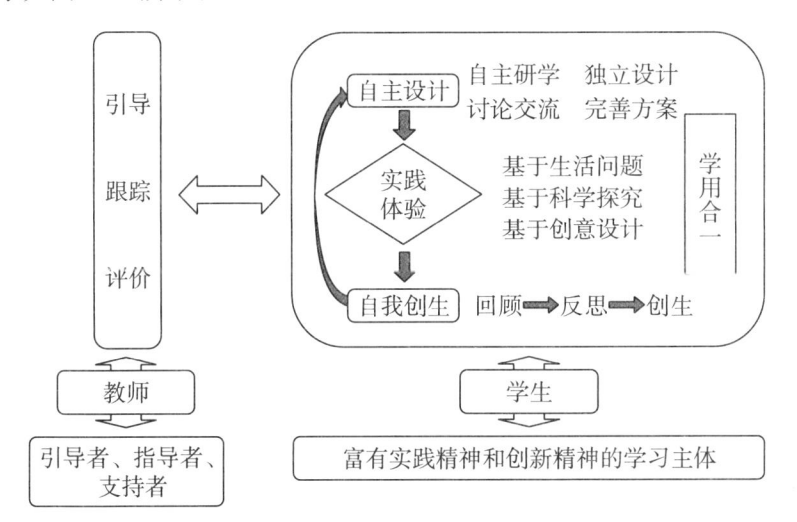

图6-1 综合实践架构

自主设计环节中，学生通过自主研学，独立设计方案，通过与同学讨论交流，修改完善方案，这充分体现了"以学生为主体"的教育理念。

根据实践主题的不同，综合实践分为以下三类：基于生活问题的综合实践、基于科学探究的综合实践和基于创意设计的综合实践。

通过参与综合实践，学生在探究互动中获得解决问题的经验，在回顾与反思中产生解决类似问题的策略，最终学生解决问题和从中进行优化再造的能力得到提高。

总之，在综合实践中，教师成为学生学习的引导者、指导者和支持者，学生则成为富有实践精神和创新精神的学习主体。

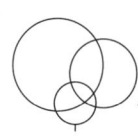

二、设计方式

1. 基于生活问题的综合实践

生活是教育的源泉，综合实践活动的源泉就是生活。我们结合学科特点，把学科问题与生活问题相融合，设计出基于生活问题的综合实践作业，引导学生发现问题、解决问题。

以生活问题为基础，学生将课堂学习的间接经验与现实生活中的直接经验联系起来，对问题情境进行建构，在生活实践中掌握知识、发展能力。

2. 基于科学探究的综合实践

在日常生活中，到处都可以看到科学的概念，同学们都非常好奇与科学有关的设计。我们结合数学学科的特点，把数学和科技结合起来，以科学探究为基础，设计综合实践作业，目的是通过科学探究，引导学生从科学的角度去发现问题、解决问题。

基于科学探究的综合实践就是在科学探究中把学生的数学学习经验与科学探究的直接经验联系起来，教会学生理性、求实地解决问题，培养学生勇于开拓的科学精神。

3. 基于创意设计的综合实践

基于创意设计的综合实践就是将学生在学习、生活中产生的新观念、新思想、新设计，借助某种载体把创意表达出来的一种实践活动。教师创造一种情境，给学生以充分的信任，最大限度地调动学生创意，鼓励学生在实践中体会快乐、创造成果、增强学习能力。

总之，综合实践可以提升学生的合作、交流和探究能力，实现学习方式由单一向多样化转变，同时能培养学生的良好品行，塑造健全人格。

案例一　数学越野，智力赛跑

探究时机：

学习北师大版数学五年级下册"确定位置"后。

探究目标：

1. 通过定向越野，提升学生在生活中辨别方向、确定位置的能力。
2. 通过方案的制订，提升学生活动策划和解决实际问题的能力。

3. 通过学生合作、集体探究，培养学生团队协作的精神。

探究内容：

定向运动是考验人在不同的环境压力下，是否能够正确判断路线，是否具有决断力和应变能力的一项挑战智慧和体能的运动。参加者在地图的帮助下，用最短的时间跑完各点后，回到终点。同学们，快来挑战吧！

如导向地图所示，本次定向越野从金牛公园大本营处出发，各组按点位顺序到5个点位进行打卡，打卡完毕后回到大本营，完成全部赛程。

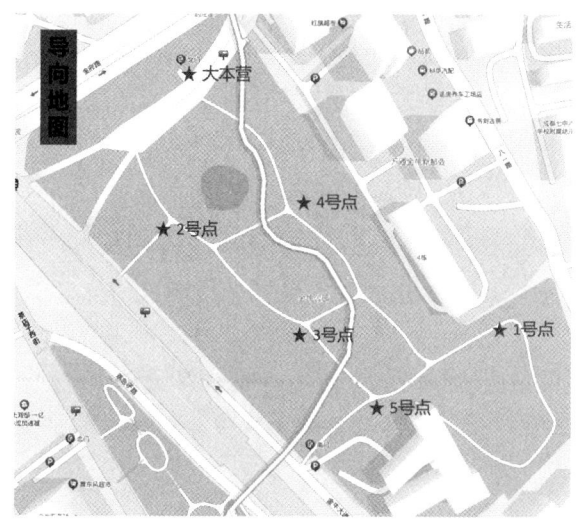

探究记录：

一、确定活动方案

任务发布之后，学生先通过前置学习明确了活动的具体任务，再通过独立思考设计了实践活动的方案，并在教师的跟踪指导下，通过相互交流，在真实问题情境驱动下，进一步优化、完善了活动方案。

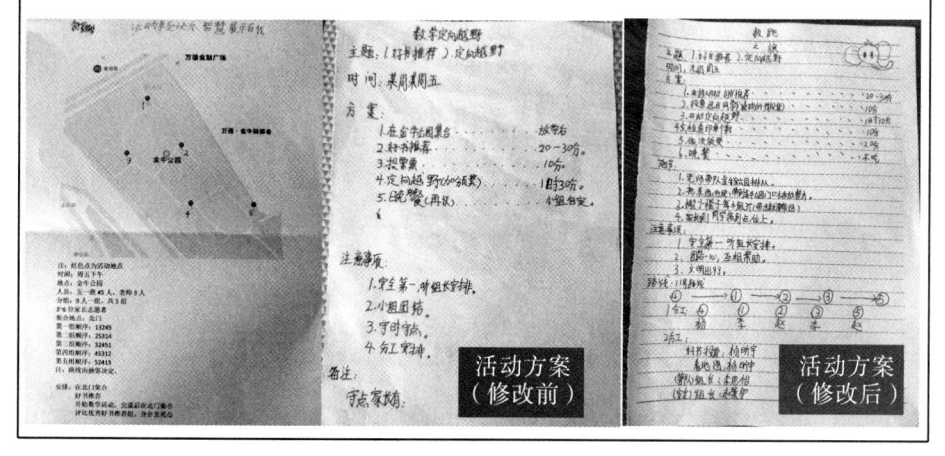

二、活动准备与实施

在确定活动方案后，教师需要为学生提供必要的活动保障，以助力活动的成功开展。

定向指北针　　　学生定向地图　　　点位顺序表

商议路线

奔向目标点

全部同学完成赛程

三、活动评价
学生评价：

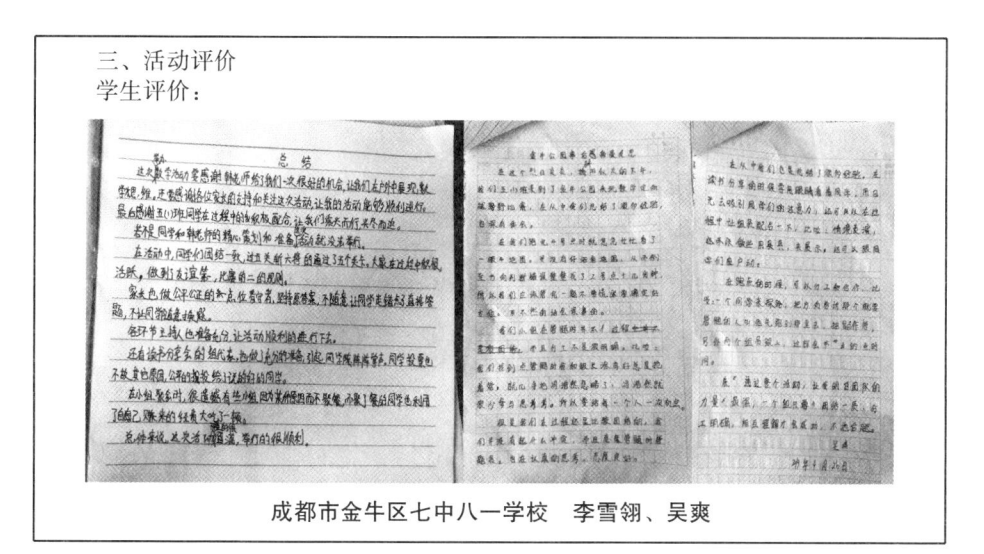

成都市金牛区七中八一学校　李雪翎、吴爽

教师评价：
　　同学们在此次实践活动中，将数学课上学到的相关知识迁移到现实生活中，真正实现了"用"的升级，为你们点赞！

本案例入选理由：
1. 在定向越野活动中，学生把"确定位置"的知识运用到实践活动中以解决实际的问题。学生通过活动，感知了数学知识的现实意义和实用价值，实现了"教与学"方式的改变。
2. 不同学生实现了不同层次和深度的参与，激发了每个学生学习的积极性，从收集资料、初定方案、讨论交流、完善方案、实施方案到评价反思，学生都全程参与其中。

案例二　1千米有多远

探究时机：
学习北师大版数学二年级下册"千米的认识"后。
探究目标：
1. 通过走一走、看一看、数一数等亲身经历，感受"1千米有多远"。
2. 培养学生用数学的眼光观察世界，建立量感。

3. 在家长的帮助下，借助放学路上或其他情境，开展亲子活动，增强亲子感情。

探究内容：

同学们，最近我们学习了"1千米有多远"，我们知道了"千米"这个单位是表示较远距离的长度单位。那你感觉1千米有多远呢？2千米又有多远？10千米呢？今天我们就走出教室，实际去感受一下这些距离有多远吧！探究后请将记录填写在下面的表格中哦！

主题	1千米有多远	班级		姓名	
我选择的实践方式			我的陪伴者		
我的记录照片					
(1) 我发现从（　　　）到（　　　）的距离就有1千米。 　　我们走了（　　）分钟，或走了（　　）步。 (2) 在实践中，我还知道了：					

探究记录：

学生探究记录例选：

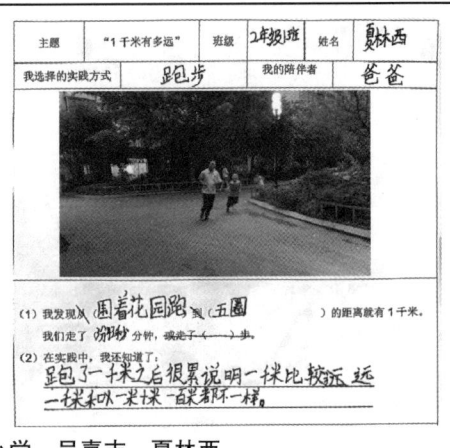

成都市双流区九江小学　吴嘉吉、夏林西

成都市双流区九江小学　何嘉懿、赖禹晟

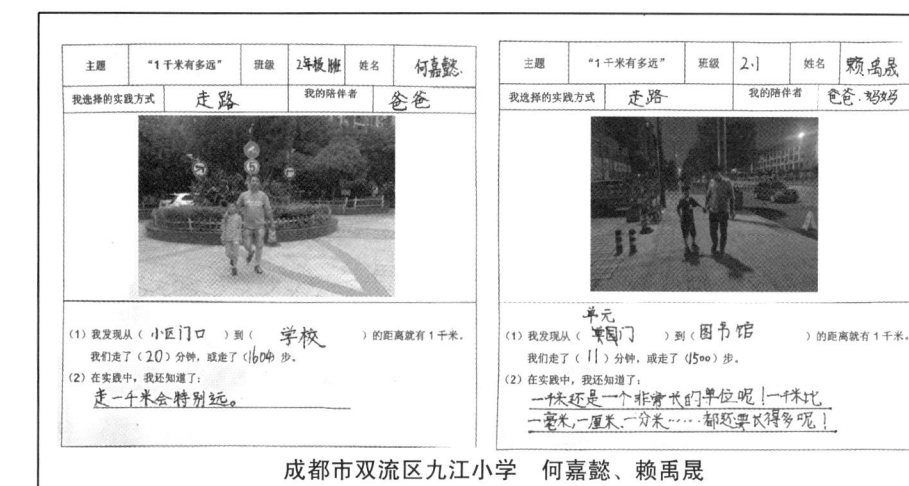

学生探究感言：

我的实践感言	我骑自行车,骑了一千米感觉一千米不是像米和分米一样近,而是很远,我骑了一千米觉得还是有点远的,但比走路快得多,很有意思!
我的实践感言	和父母一起实践跑步我感觉很开心,十米是用来表示比较远的距离,那1千米就更远了。
我的实践感言	走一千米会特别远,会走得脚很痛,通过实践我才知道了一千米不像一米一样那么近。那么我也能推测2千米、10千米,走起来会更远!
我的实践感言	数学书里的一千米,我还不清楚一千米有多长,这个有趣的数学作业能让我亲自体验一千米有多远,经过我和爸爸、妈妈一起走,我知道了一千米原来有这么远啊!

教师评价：
　　1千米到底有多远呢？我们在教室里可感觉不出来。同学们能走出教室，用骑车、数步数、计时间等方法，实际经历了一次探究"1千米有多远"的实践活动，体验了1千米的实际含义，亲身感受了"千米"这个用于表示距离的单位，大家都是了不起的数学活动探究者。这份努力探究的精神是难能可贵的！老师为大家点赞！

本案例入选理由：

1. 对于二年级的学生来讲，"1 千米"的空间感知是较难建立的，光靠课堂教学，是远远达不到对低段孩子"量感"的培养的。本案例是对教材内容的补充，也是培养学生建立量感所必不可少的内容。

2. 在本案例中，学生及家长利用放学后或饭后散步时间进行实践，时间灵活、易操作，效果好。

3. "双减"政策要求低段学生没有书面家庭作业，部分家长对此有所顾虑。本案例既能达成学习目标，让家长们看到了学生的学习效果，又能达到增进亲子关系的目的。

案例三 地铁上的里程秘密

探究时机：
学习北师大版数学三年级上册"里程表（一）"后。

探究目标：

1. 以探寻"地铁上的里程秘密"为主题，巩固学生借助直观图（如线段图）来表示数量关系，解决起点为 0 的里程表实际问题。

2. 通过查阅资料、分析问题等，经历分析并解决问题的过程，培养学生综合运用数学与其他学科知识的能力。

3. 在实践探索中，让学生感受数学在生活中的运用，体会数学学习的快乐。

探究内容：

同学们，随着城市化进程的发展，人们的生活也越来越方便，轨道交通就给我们的出行带来了极大的便利。近期，我们学习了"里程表（一）"的数学问题，这周就让我们走进成都地铁 3 号线，从龙桥路站出发，探寻地铁上的里程秘密吧！

内容	地铁上的里程秘密	班级		姓名	
实践要求	1. 以"龙桥路站"为始发站，在 3 号线上由近及远选择五个你想去的站点。 2. 记录始发站到五个目的地站点间的距离。（可利用百度或高德地图等收集信息） 3. 根据收集的数学信息，绘制一张 3 号线上站点的路线图。 4. 找一找：藏在地铁 3 号线里程表里的秘密。				

(1) 我的记录表：

	里程/千米
龙桥路——（　　　　）	
龙桥路——（　　　　）	
龙桥路——（　　　　）	
龙桥路——（　　　　）	
龙桥路——（　　　　）	

(2) 这几个站点路线图，我是这样绘制的：

我能从我的记录表中找出这些秘密（画一画，算一算）：

我的实践感言：

探究记录：

内容	地铁上的里程秘密	班级	三年级一班	姓名	杨永澄
实践要求	1、以"龙桥路站"为**始发站**，在3号线由近及远选择五个你想去的站点。 2、记录始发站到五个目的地站点间的距离。（可利用百度或高德地图等收集信息） 3、根据收集的数学信息，绘制一张3号线这几个站点的路线图。 4、找一找：藏在地铁3号线里程表里的秘密？				

(1) 我的记录表：

	里程/千米
龙桥路——（武侯立交）	5.35km
龙桥路——（衣冠庙）	12.637km
龙桥路——（春熙路）	17.22km
龙桥路——（熊猫大道）	25.577km
龙桥路——（植物园）	30.02km

(2) 这几个站点路线图，我是这样绘制的：

龙桥路—(武侯立交)—(衣冠庙)—(春熙路)—(熊猫大道)—(植物园)
5.35km　12.637km　17.22km　25.577km　30.02km

(3) 我能从我的记录表中找出这些秘密（画一画，算一算）：

问①：武侯立交到衣冠庙的距离？
①：12.637-5.35=7.287(km)
问②：衣冠庙到春熙路的距离？
②：17.22-12.637=4.583(km)
问③：春熙路到熊猫大道的距离？
③：25.577-17.22=8.357(km)
问④：熊猫大道到植物园的距离？
④：30.02-25.577=4.443(km)

成都市双流区九江小学　杨永澄

内容	地铁上的里程秘密	班级	3.1	姓名	杨轶涵
实践要求	1、以"**龙桥路站**"为**始发站**,在3号线上由**近及远**选择**五个**你想去的站点。 2、记录始发站到五个目的地站点间的距离。(可利用百度或高德地图等收集信息) 3、根据收集的数学信息,绘制一张3号线这几个站点的路线图。 4、找一找:藏在地铁3号线里程表里的秘密?					

(1) 我的记录表:

	里程/千米
龙桥路——(双凤桥)	2.6
龙桥路——(武青南路)	4.9
龙桥路——(武侯立交)	5.9
龙桥路——(川藏立交)	6.9
龙桥路——(太平园)	7.7

(2) 这几个站点路线图,我是这样绘制的:

(3) 我能从我的记录表中找出这些秘密(画一画,算一算):

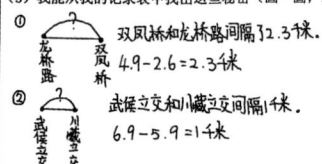

① 双凤桥和龙桥路间隔2.3米.
4.9-2.6=2.3米

② 武侯立交和川藏立交间隔1千米.
6.9-5.9=1千米

成都市双流区九江小学　杨轶涵

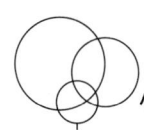

内容	地铁上的里程秘密	班级	三年级一班	姓名	梁静依
实践要求	1、以"**龙桥路站**"为**始发站**,在3号线上由**近及远**选择**五个**你想去的站点。 2、记录始发站到五个目的地站点间的距离。(可利用百度或高德地图等收集信息) 3、根据收集的数学信息,绘制一张3号线这几个站点的路线图。 4、找一找:藏在地铁3号线里程表里的秘密?					

(1) 我的记录表:

	里程/千米
龙桥路——(高升桥)	12千米
龙桥路——(双凤桥)	3千米
龙桥路——(太平园)	10千米
龙桥路——(武青南路)	4千米
龙桥路——(红牌楼)	11千米

(2) 这几个站点路线图,我是这样绘制的:

龙桥路　双凤桥　武青南路　　太平园　红牌楼　高升桥

(3) 我能从我的记录表中找出这些秘密(画一画,算一算):

双凤桥到太平园一共有多少千米?
10-3=7(千米)

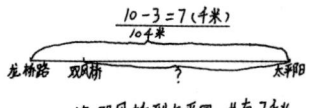

答:双凤桥到太平园一共有7千米.

成都市双流区九江小学　梁静依

学生探究感言：

我的实践感言	没想到生活中也有数学问题呀！我要努力寻找生活中的数学问题。地铁线路给人们带来了极大方便，节约了时间。
我的实践感言	我觉得数学与生活有很密切的关系，网络上可以查找很多资料。
我的实践感言	网络与生活的联系可真不小啊！

教师评价：

数学既来源于生活，又运用于生活。同学们从身边的轨道交通出发，用发现的眼光去探究地铁上的里程问题，这样能深入理解里程表里的数学难点，是灵活运用数学知识的有力体现。

本案例入选理由：

1. 本案例以学生身边熟悉的地铁线路为素材，提升学生的兴趣与参与度，能明显提高学生对本作业的达成度。

2. 本案例需要学生综合运用电子地图、网络检索、询问他人等策略，这一过程融合了信息技术与数学知识，让学生感受到信息技术为学习带来的便利，进而培养学生的综合运用能力。

3. 本案例借用探究地铁里的里程问题，与所学起点为 0 的里程表问题紧密联系，让学生能感受到国家的发展和进步。

案例四　家具总动员

探究时机：

学习北师大版数学三年级下册"面积"后。

探究目标：

1. 以"家具总动员"为主题，通过走进家具城的实践活动，将数学与生

活紧密相连，培养学生的应用意识和创新意识。

2. 巩固学生对面积和周长两个概念的认知。

3. 在实际观察与测量中培养学生用数学的眼光观察现实世界，并运用数学的综合能力。

探究内容：

同学们，在生活中，我们经常会遇到与"面积和周长"有关的问题，比如做相框就与周长有关，卧室需要安放多大的床就与面积有关……

想象一下，现在，你们就是室内装饰设计师。大到给新家（可以是自己家）选购一套沙发、一张餐桌或是卧室里的床，小到为房间挑选适合的窗帘，为餐桌选择一张桌布等，都需要你们来完成。

请你们先组建自己的项目团队，选择一个项目来完成，看看你们的项目与面积和周长的哪个知识有关。本周，我们将和家委会的爸爸妈妈们一起，走进家居商城，探究家具里有关"面积与周长"的数学问题。

"家具总动员"小组实践记录单

成员：

前期工作安排 （可写文字、可画图、可拍照）	我们选择的项目	
	我们的活动计划	
	我们做了哪些前期调查	
我们的实践记录（可写文字、可画图、可拍照）		
实践中我们还有哪些收获		
我们的探究感言		

探究记录：

	"家具总动员"小组实践记录单		"家具总动员"小组实践记录单
成员：	陈泽远、兰醒、郑家煜、江霖、李子扬、冯安雷、杨沅洋	成员：	张齐亮、王冠、李佳乐、倪伸钰、李可欣、陶饶
前期工作安排（可写文字、可画图、可拍照）	我们选择的项目：安装卧室的窗帘 我们的活动计划：1.分工：兰醒带卷尺，郑家煜、冯安雷量窗，江霖汇报数据。2.集体行动 3.汇总 我们做了哪些前期调查：长：240cm 窗帘需要做褶皱，就是1.2米的帘。	前期工作安排（可写文字、可画图、可拍图）	我们选择的项目：给餐桌买凳 我们的活动计划：①分工 李佳乐、张齐亮带卷尺。 ②3人一组。 ③分组挑选再比较。 我们做了哪些前期调查：测量餐桌 长：135厘米 宽：86厘米
我们的实践记录（可写文字、可画图、可拍照）		我们的实践记录（可写文字、可画图、可拍照）	

学生探究感言：

实践中我们还有哪些收获	可以比量的大一点，但不能比量的小，我们小组很团结但是分工没做好，下次我们要把任务分清。
我们的探究感言	买窗布和面积有关但只需要量出长和宽就可以了。另处还要考虑与家里家具颜色的搭配起来。
实践中我们还有哪些收获	1.买床时要量尺寸，还要先在心中作预算□份不够。 2.床还有不同的款式的尺，所以我们红加的很好。还到要考虑摆放的方向。
我们的探究感言	买床的时候要先测长和宽，这个活动很有意思。
实践中我们还有哪些收获	我们一起活动，一起测量，这样的数学非常有意思。但是去活动之前，要做好计划，还要注意安全。对于买窗帘，实际上不是只管长度就行，还需要考虑褶皱。
我们的探究感言	窗帘虽然盖住的是玻璃的面，但购买时一般脉来买，还要考虑，遮光和美观，遮光就要遮光窗帘，美观就要考虑家里的装修和色彩搭配。

成都市双流区九江小学　陈泽远、郑承泽、张齐亮小组

教师评价：

从前期的调查、制订计划，到实地的考察、实践单的填写，同学们以小组为单位，团结一致，碰到问题与家委会爸爸妈妈们商量，合作完成了小组任务，用数学知识解决了生活中的问题，并发现这些问题在生活中还需要考虑很多其他方面的情况。敢想、敢做，请继续保持这份探究精神，向真正的设计师进发吧！

本案例入选理由：

1. 学习了"面积"这个单元后，在解决有关面积与周长的数学问题时，学生很容易混淆。本案例利用生活中的实践活动，将抽象的概念放归生活，让数学服务于生活，有利于保持学生的探究兴趣，让数学学习更有生命力。

2. 本案例融合了数学、艺术欣赏、综合实践、语言表达等课程内容。要完成任务，学生需要小组合作、分工明确、达成共识。这个过程锻炼了学生的有序思考和逻辑思维能力，培养了学生综合实践能力和合作能力。

3. 本案例实践地点可充分考虑学校周边的设施设备，将学生耳熟能详的购物场所，变成自己的"实践基地"，具有可变式性和可操作性。

案例五 营养午餐

探究时机：

学习北师大版数学四年级下册"营养午餐"后。

探究目标：

1. 通过营养午餐活动，让学生经历判断、选择的过程，综合运用相关知识解决问题，提升学生在生活中解决实际问题的能力。

2. 通过方案的制订，学会利用现代技术手段查找各种菜肴的热量、脂肪、蛋白质等数据，制作符合营养标准的午餐，从而改变不合理的饮食习惯，明白科学饮食对身体的重要性。

3. 通过与家长合作、共制营养午餐，增进学生与家长的感情，并进一步帮助学生增强家庭观念。

探究内容：

"民以食为天"，人们对美食的喜好是天生的。曾经由于生活条件不好，经济水平不高，人们对食物的要求也不高，想到只需要满足温饱就可以了。

但是随着经济的发展、生活水平的提高,人们对吃越来越讲究。大家不再满足于温饱,而是要吃好。于是人们对食物的色、香、味的追求提高了,并更注重食物的营养搭配。通过"营养午餐"一课的学习,你能根据家人的身体情况制作一顿美味又营养的午餐吗?比一比,谁制作的午餐更美味、更营养。

探究记录：

一、确定活动方案

任务发布之后,学生通过学习明确了活动的具体任务,独立思考,设计了实践活动方案,在家长和教师的指导下,通过沟通、交流,进一步优化、完善了活动方案。

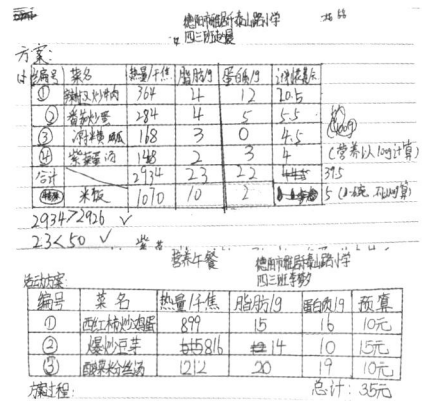

在确定活动方案后,家长需要为学生提供必要的活动用品以及其他保障,以助力活动顺利开展。

二、活动准备与实施

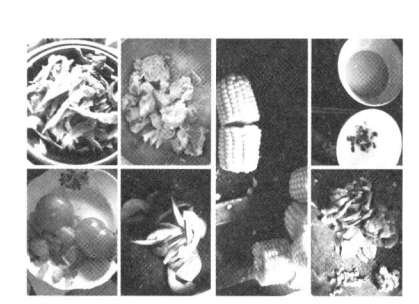

食材采买　　　　　　　　食材准备

分享美味

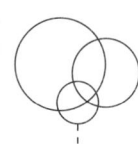

三、活动总结与反思

总结与反思：

① 这节课我学会了根据身体需要来搭配，也可以加入一些自己的喜好，使我产生了想做一顿饭的想法，这是我做菜的原因。

② 我们应该根据自己需要和专家建议来搭配菜肴，标准就是热量≥2926焦，脂肪<50g，如果低于标准，我们的能量就会不够，就会偏瘦，如果高于标准，能量超标就会偏胖。

③ 这次做饭有妈妈的指导，使我和妈妈之间的距离拉进了。

④ 我第一次做饭，受到了妈妈的表扬，增强了我的信心。

⑤ 买菜时，我也学会了比对，挑选最新鲜价格最合适的买。

⑥ 做菜不容易，我们应该珍惜，不能挑食。

德阳市雅居乐泰山路小学　张馨怡

活动总结与反思：

① 因为我家的人都比较胖，所以我做的菜的热量都比较低，脂肪含量也比较少，我希望我的家人身材恢复到正常值，想让我家人的身体更加健康。

② 菜①预算10元　菜②预算5元　菜③预算10元
实际用了：3+0.5=3.5(元)　实际：5+3=8(元)　实：7+0=7(元)
　　10>3.5　　　　　　　15>8　　　　　　7<10

我发现，我们预算都比实际用的多，说明菜①是挺便宜的。

③ 在这一次的活动中让我发现妈妈们做饭很辛苦，所以我们在放假的时候可以多做饭，帮助妈妈分担一些。

德阳市雅居乐泰山路小学　李梦夕、杨芯琳

教师评价：
　　同学们通过"营养午餐"的活动，利用在课堂中所学到的知识和生活经验解决实际的问题，并意识到偏食、挑食的危害，培养了健康、科学的饮食习惯，同时，还意识到与家人一起做饭的真正意义。

本案例入选理由：

1. 学生通过"营养午餐"的一系列活动，培养了用数据分析问题和解决问题的意识和数据分析观念。

2. 数学知识既来源于生活，又为生活服务。学生在学习之后，增强了健康意识，并能根据营养学知识，重新给自己和家长配餐，合理搭配自己的饮食，改正挑食的坏习惯。同时，在活动中学生还学会了解决算账、打折等数学问题。

3. 此案例让课堂学习真正延伸到生活中，使学生真正体会到数学在现实生活中的应用价值。

案例六　节约用水

探究时机：
学习人教版数学六年级上册"节约用水"前。

探究目标：
1. 通过开展"节约用水"实践活动，学会有效收集数据、整理数据，经过有目的、有设计、有步骤、有合作的实践过程，最后找到解决问题的最优方案。
2. 通过方案的设计与制订，培养学生运用数学知识解决实际问题的能力。
3. 通过探究活动，提高学生数据收集、发现信息的能力，培养学生建立数形结合、推理等数学思想，进一步提升学生的归纳推理能力和解决简单实际问题的能力。

探究内容：
水是生命之源，我们时时刻刻离不开水。但在实际生活中，人们并未珍惜有限的水资源，反而在不断地浪费水资源。

假如老师家有一个老旧的水龙头坏了，每天都在不停地滴水，同学们能算一算它的滴水量，并设计一个节约用水的方案吗？

探究记录：

一、确定活动方案

任务发布之后，学生通过学习明确了活动的具体任务，通过小组交流、讨论，设计实践活动方案，并在教师的指导和小组成员的帮助下，进一步优化和完善了活动方案。

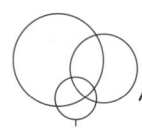

二、活动准备与实施

各小组同学分别利用量筒、量杯接水，观察并记录水滴的速度，通过实验探究活动为下面解决问题做准备。

三、活动总结与反思

德阳市雅居乐泰山路小学　李羲雅、钟子冉

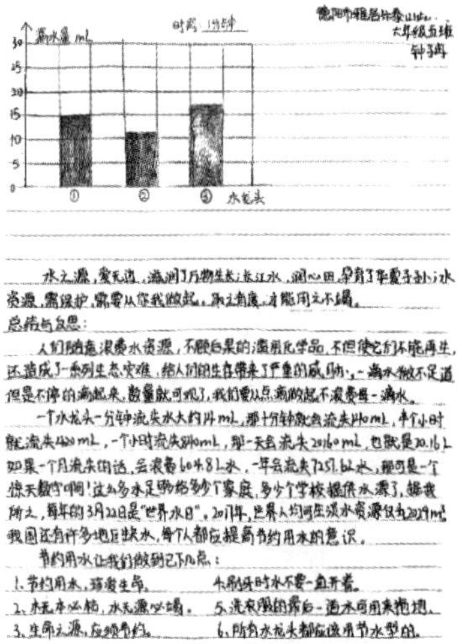

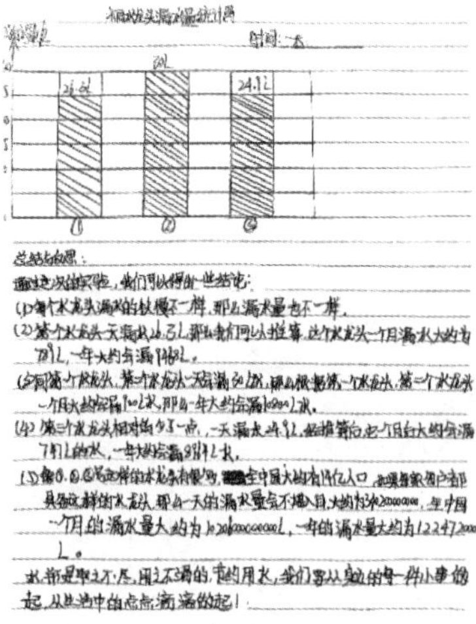

德阳市雅居乐泰山路小学　钟子冉、陈晓茜

德阳市雅居乐泰山路小学　张泽平

教师评价：

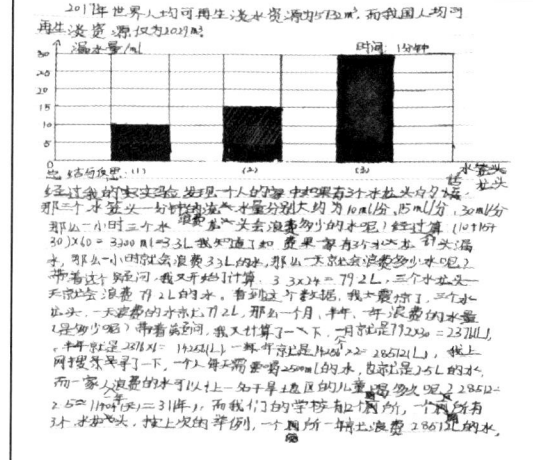

学习的发生来源于实践，在未进行活动之前，学生只想用估算的方法去解决问题，但实际问题的出现，让学生的估算不可行。由于学生问题的存在，我想到让学生利用生活常识和身边的工具来开展实践活动。

通过实践活动的开展，学生明白了解决具体问题可以利用生活的方法这一道理，并且学会了从众多数据中分析问题、解决问题的方法。作为教师，应当多鼓励学生在遵循书本知识的同时，结合生活中的知识解决一些复杂的问题，让学生体会到学习的乐趣。

本案例入选理由：

1. 通过开展"节约用水"探究活动，学生学会了利用生活中的实物帮助问题解决，更重要的是学会了数据的收集分析与处理。

2. 通过活动探究，学生进一步感知了数学与生活的密切联系，明白了学习可为生活服务，解决生活中的实际问题这一道理。

3. 在活动探究过程中，学生利用数据收集、列表等方式解决问题，通过推理的方式找到事物隐含的规律，能进一步体会数形结合、推理等数学思想。

案例七　1亿有多大

探究时机：
学习人教版数学四年级上册"1亿有多大"后。

探究目标：
1. 通过开展"1亿有多大"实践活动，让学生从不同角度感受1亿的大小，同时明白积少成多、聚沙成塔的道理，树立环保意识，自觉加入保护大自然资源的行列。
2. 通过方案的制订与讨论、数据资料的收集与整理，让学生意识到数学与生活的密切联系，培养学生学习的兴趣和解决问题的能力，增强合作意识。
3. 通过活动探究，让学生积累数学活动经验，增强探索数学的兴趣和意识，并进一步培养学生勤俭节约的良好习惯。

探究内容：
你能想象1亿有多大吗？寻找身边容易测量的材料，确定你的研究对象，进行"一亿有多大"的探究，并根据实际情况具体分析，制订研究方案，通过实测推算出1亿到底有多大。将你的探究过程以自己喜欢的方式记录下来，可记录我的方案、活动步骤、活动结论、活动感想等内容。

探究记录：

一、确定活动方案
任务发布之后，学生通过学习明确了活动的具体任务，通过小组交流和讨论，设计了实践活动方案，并在教师的指导和同伴的帮助下，作进一步优化、完善。

二、活动准备与实施
在确定活动方案后，学生利用身边的材料，开展探究活动，进一步感受1亿的大小。

三、活动总结与反思

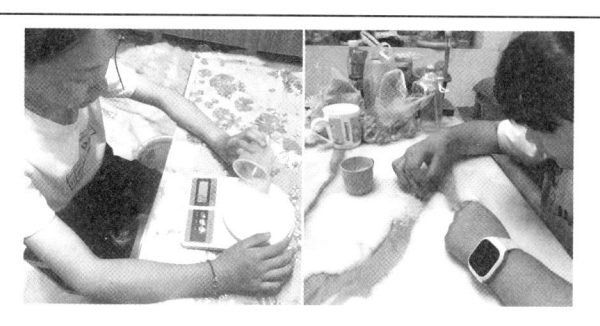

德阳市雅居乐泰山路小学　王可馨、陈逸炫

德阳市雅居乐泰山路小学　赵晟

德阳市雅居乐泰山路小学　张孟君怡、陈鑫怡

德阳市雅居乐泰山路小学　杨婷婷、唐罗梓馨

> **教师评价：**
> 　　同学们远比我们想象中的厉害，他们利用身边的材料进行了本次探究活动。有的同学想到通过数 100 粒米所用的时间，推算出数 1 亿粒米所花的时间，感受 1 亿的大小。还有的同学想到通过测量 10 滴水的质量，进一步推出 1 亿滴水的质量。他们会选用各种材料，利用数一数或称一称的方式，推算出 1 亿的大小。

本案例入选理由：

1. 通过探究活动，学生明白了数学来源于生活，也能为生活服务。在实践活动中，学生积累了数学经验，体验了探究的快乐，增强了数学学习的兴趣。

2. 学生在活动中设计了多项不同的实践活动，通过实践活动的开展，从时间或质量上感受了 1 亿的大小，促进学生量感的提升。

3. 通过自主完成探究活动，学生充分感知了"1 亿有多大"，观察能力、发现解决问题的能力都有了明显提高。通过对"1 亿有多大"的探究，学生知道了节约每一张纸、每一粒米、每一滴水的重要性，培养了勤俭节约的良好习惯，树立了保护大自然的观念。

案例八　图形创意展

探究时机：
学习北师大版数学一年级上册"认识图形"后。

探究目标：
1. 通过数学、美术、语文等学科交融，激发学生的学习兴趣，提升学生的好奇心和求知欲。
2. 辨析平面图形和立体图形的概念及区别，能用数学眼光观察现实世界。
3. 通过实践探索感知图形的特征，并能用数学语言表达现实世界。

探究内容：
1. 同学们，你们可以用学习过的几类平面图形进行创作吗？请你用平面图形设计一幅作品，来描绘这个美丽的世界，并为你的作品取名字。
2. 完成作品之后，请你给爸爸妈妈讲述你的作品。也可以和爸爸妈妈合作准备，参与"数学分享会"栏目展，向老师和同学们分享你眼中的图形世界吧！

探究记录：

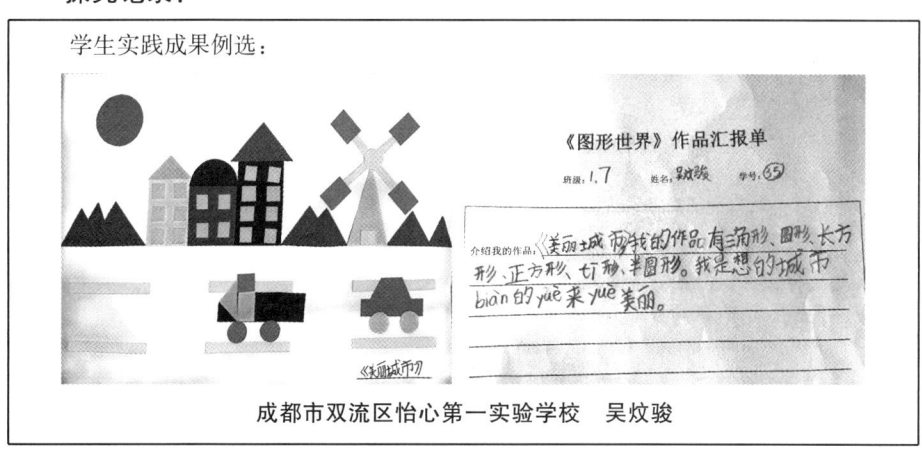

学生实践成果例选：

成都市双流区怡心第一实验学校　吴炊骏

小学数学深度学习项目式探究作业与实践

成都市双流区怡心第一实验学校　唐芊煊

成都市双流区怡心第一实验学校　陈芯瑶

学生实践后感言：

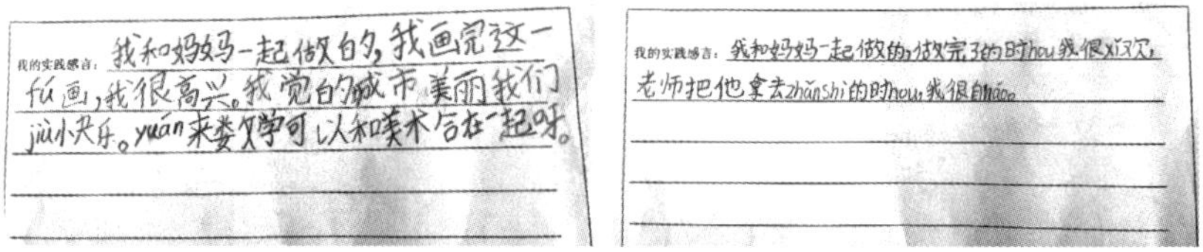

成都市双流区怡心第一实验学校　曹安瑞嘉、冯子诺

"数学分享会"栏目展：

成都市双流区怡心第一实验学校　李芯彤

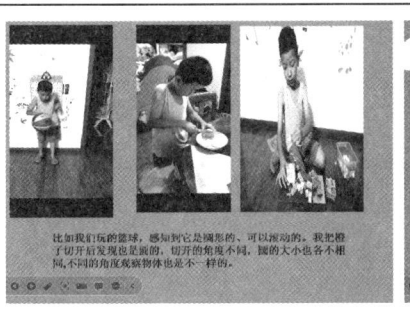

成都市双流区怡心第一实验学校　程圣翔、吴炆骏

教师评价：

在新课标引领下，"学科融合、五育并举"是我们此次作业的主基调。苏霍姆林斯基曾说："儿童的智慧在他的手指尖上。"看似简单的平面图形，在孩子们的手中变成了丰富多彩的图画，蕴含着各种有趣故事。以"美"育人，通过实践环节的创作，学生开始带着数学的眼光观察现实世界，将生活中物体的表象简单抽象为图形形状，在头脑里形成清晰的表象并将脑海中的数学体现在自己的画中。教师在数学教学与美术教育相融合的过程中，可以基于数学与美术相关的教学内容，利用美术教育的手段有效发展学生的数学素养、作图能力与美育修养。通过数学与美学的融合，学生在学习中不断体会乐趣，从而有效激发学生的学习兴趣。这不仅丰富了小学数学教育的内涵，而且使数学教学能够真实有效地促进学生的全面发展。

语文具有思想性、人文性和工具性的特点，数学具有抽象性、严谨性和广泛性的特点，语文注重"情"字，数学注重"理"字。"情""理"交融的学习体验将会让语文和数学的教学绽放出更加奇异的光彩。此次活动设计实践感言板块，学生在完成艺术创作后，可以抒发自己寄于作品的情感，会在"数学分享会"栏目中积极展示。汇报内容可以是自己发现的生活中的图形，也可以是有趣的绘本故事，从而让教师从儿童视角感受美好的童趣世界。

本案例入选理由：

1. 在学习"认识图形"单元时，学生在平面图形与立体图形的认识上容易产生混淆。通过对平面图形与立体图形的差异探索，学生在探究中掌握了两者的根本区别，强化了对两类图形的认知。这不仅有助于学生发现知识本质，更有助于发展学生的抽象能力，将抽象的数学概念具象为简单朴素的数学语言。

2. 本案例融合了数学思维、艺术创作、语言表达等多学科素养。为完成创意绘画，学生要经过全局构思、精密布局、色彩搭配、细节审美等过程，通过家校合育，完成作品汇报。此活动既培养了学生发现问题的能力，又培养了学生的创造力、想象力、空间能力，提高了学生的综合表达能力。

案例九　时间都去哪儿了

探究时机：

学习北师大版数学一年级上册"认识时间"后。

探究目标：

1. 通过实践活动"巧做钟面"，进一步加深学生对钟面结构的认识和理解。将数学知识与实践、美术相融合，提升学生的动手能力和创新意识。

2. 通过实践活动"我的一天"，理解"时"与"分"之间的现实关系，掌握两者之间的换算，让学生在实践探究中逐渐形成时间观念。

3. 通过实践活动"探索时间"，学生形象地感知时间的长短，进一步发展时间观念，养成珍惜时间的好习惯。

探究内容：

1. 我的钟面：巧做钟面

认真观察身边的时钟，探索钟面的特点并动手制作一个钟面。使用材料不限（鼓励旧物利用），样式不限。

2. 记录时间：我的一天

用小报或者视频，记录你一天的生活，并总结当天的收获，写出心得体会。

3. 探索时间：体验 1 秒钟、1 分钟、1 小时

体验 1 秒钟能做什么，1 分钟能做什么，1 小时能做什么，将你的实践活动记录下来，记录形式不限（视频、照片、文字均可）。

探究记录：

学生作品示例：

成都市双流区怡心第一实验学校　银梓辰、陈乐桐、何定航、唐芊煊、刘乐天、陈芯瑶

学生实践过程展示：

一秒钟可以拔一颗青菜　　一秒的时间，我只能快速的捡起一片树叶和一个烟头　　一分钟拍篮球124下

成都市双流区怡心第一实验学校　蔡姿亦、石亦凡、周龙福

一分能跳82次跳绳　　一小时能画一幅　　一分钟可以
　　　　　　　　　　　漂亮的画　　　　摘48颗豌豆夹

成都市双流区怡心第一实验学校　吴澜诗、袁钰芯、蔡姿亦

学生实践后感言：

成都市双流区怡心第一实验学校　杨婧怡、黄蓉、石亦凡

教师评价：

在"巧做钟面"的探究过程中，学生利用身边能够想到的各种材料，进行了大胆的创意设计，制作出富有童趣、彰显个性的钟表作品。这不仅锻炼了同学们的想象力和动手能力，而且让书本上的数字、时钟充满了灵性，跃然于眼前。

在实践中体验时间的长短，既增加了学习的趣味性，又将时间具象化、形象化，使时间更容易被感知。实践过程不仅加深了学生对时间这一抽象概念的具象理解和感知，还让学生体会到了数学与生活的紧密联系，在潜移默化中感受到时间的悄然流失，树立珍惜时间的观念。

> 在"记录我的一天"的实践活动中，学生用自己的方式记录下了自己的周末生活，对时间单位有了更深的体验。学生进一步加深了对"时"与"分"之间的关系的理解，体会到时间的可贵，建立了规划意识。

本案例入选理由：

1. 通过实践探究，学生深刻体会到数学既来源于生活，又回归于生活。让学生通过实践活动，将所学的内容"可视化"，将生活实际及其他学科融合在一起，使"做"与"思"形成对接，学生在实践中将琐碎的知识点内化吸收。

2. 本案例将多学科进行融合，包括数学、艺术创作、语言表达、信息技术等。为了完成创意绘画，学生要进行全局构思、精密布局、色彩搭配、细节审美。为了完成作品汇报，学生要进行语言组织、逻辑思考，提升了学生语文学科的素养。

3. "我的一天"实践活动，结合了时代背景，将数学与美术、语文、信息技术等学科融合，巩固了学生对钟面的认识及运用。由于时钟与我们的生活息息相关，激发了学生学习的主动性，让学生带着兴趣主动探索时间。学生在这些活动中，感受到时间的可贵，学会珍惜时间、规划生活，从而达到课程的育人目标。

案例十　创造百数表

探究时机：
学习北师大版数学一年级下册"做个百数表"后。

探究目标：

1. 对百数表进行重新建构，让学生看到简简单单的百数表经过创新后的更多可能性，从而感受数学的奥妙。

2. 通过"重构"的创造过程，让学生在观察、分析、比较中培养数感、推理意识和创新意识。

探究内容：

1. 质疑：百数表还可能长成别的样子吗？

2. 尝试：把1~100放进方格里，还可以怎么放？请你先想一想这样放有什么规律，再创造属于你的"百数表"。

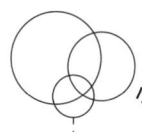

3. 分享：说说你创造了什么样的百数表，你是怎样想到要这样做百数表的？

探究记录：

学生实践成果例选：

以下是在我们活动中某班级学生创造的百数表以及创造人数的比例（图 1～图 4）和学生的主要想法。

图 1（占比约 48%）

A 学生想法：我想到了加法倒过来就是减法，所以就想把百数表也倒过来。在观察规律的时候可以横着、竖着、斜着观察，于是我想到百数表可以横着倒过来，也可以竖着倒过来，还可以横着、竖着都倒过来。

图 2（占比约 26%）

B 学生想法：我想到 1～100 的数字里面有单数也有双数，所以就想把百数表按单数和双数放，先放单数，再放双数，可以横着放也可以竖着放。

图 3（占比约 14%）

C 学生想法：我觉得百数表里的有些数离得太远了，于是就想到把百数表里的数接着写下去。我们数数的时候会顺着数也会倒着数，于是我就想把这些数倒着写下来。

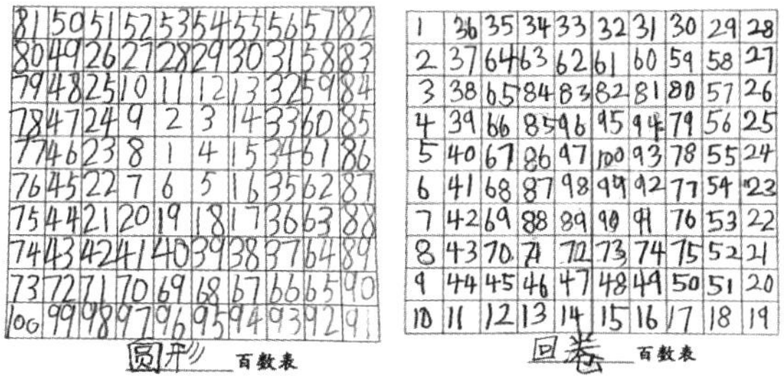

图 4（占比约 8%）

D学生想法：我想把大的数字放在里面，小的数字放到外面，一圈一圈地卷，越卷越大。由于这个百数表是正方形的，于是我想到了创造一个圆形的百数表。

成都市双流区怡心第一实验学校　曾艾马、钟星辰、姚亦星、胡亦晨、游雯婷、何洋、李翔宇、曹英汉、邹柯珩

教师评价：

爱因斯坦曾说："若无某种大胆放肆的猜想，一般是不可能有知识的进展的。"学生在重构百数表时通过独立思考，在头脑中、在笔尖上，经历了真实的创造，从而在这小小的 100 个格子里打破了原有模型限制，发散出了无限的创造力。

从图 1 可以看出，学生在保持原有的横竖规律基础上，进行了简单的排列，这说明学生已经具备了初步的推理意识，并且能够从多角度进行观察和思考。图 2 的学生能够快速归类，进行单数和双数排列，可见脑海中已建构了分类思想，反映出学生已具备了相应的数感。图 3 的学生能够将数竖着首尾相连，写成 S 形，体现了学生思维的连续性。图 3 中想到倒着数的学生，具有逆向思维。图 4 的学生能从数字中跳出来，建立数字与图形的联系，说明具备了数形结合的意识。

在重构百数表的过程中，学生能够跳出原有模型，用求异思维，根据已有的数学学习经验进行推理、创新，在一定规则的基础上建构自己的百数表，这样真实开放的学习过程才能滋养学生创新思维的生长。

本案例入选理由：

1. 此活动为学生提供了自主创造"百数表"的机会，让学生的创新思维多飞一会儿，进一步感受数学的乐趣，真正体会到数学的奥妙和魅力！

2. "创造百数表"从数学本质出发，聚焦培养学生数感，发展推理意识和创新意识等核心素养。

第七章　调查研究类

第一节　调查研究的内涵概述

调查研究包含调查与研究两个部分。调查，是指有目的、有计划、系统地运用各种方法和途径，从实际生活中收集有关事实的真实情况，为发现问题、探索规律提供材料。研究，是指对调查的材料和数据等内容进行筛选、对比、分析，通过思维加工获得客观事物本质和规律的认识。二者既有显著的区别又有密切联系，调查是研究的方法与手段之一，研究是对调查结果本质的升华。调查研究是综合实践活动常用的一种学习活动方式，可以引领学生贯通数学知识和生活经验，让学生在"学数学""做数学""用数学"的过程中得到自主发展，体会数学的内涵和价值，实现数学核心素养的养成。

与生活实际相联系的调查研究类作业，让学生在生活实践中经历调查研究的过程，体会数据分析的意义和价值，充分与生活实际接轨，学以致用，提高能力。

第二节　调查研究的方式与价值

一、增强体验，实现学科育人

《义务教育数学课程标准（2022年版）》提出："课堂教学应选择能引发学生思考的教学方式。"数学教学不再是课上教师讲、学生听，课下做作业这

样单纯的以"双基"为目标的教学方式，而是让学生从生活经验出发，创造一个学生能充分进行数学活动和交流的平台，让学生通过自主的探索，来实现对基本的数学知识技能、数学思想和方法的理解和掌握，同时获得广泛的数学活动经验的学习方式。调查研究是常用的实践方式和手段，学生不仅在调查研究的过程中能够得到充分的参与机会，而且在小组合作或独立探究过程中，能对现实生活中的数学问题有充足的时间进行观察、猜想、实验、计算、分析等，从而实现新课程理念所强调的"人人都能获得良好的数学教育，不同的人在数学上得到不同的发展"[①]的目标。

例如，在学习了北师大版数学二年级下册"认识人民币"后，为了更好地巩固学生对钱的认识，培养学生合理支配金钱的能力，可以让学生做一次关于"我的零花钱我做主"的调查研究。通过调查记录班级几位同学一段时间以来零花钱的收入与支取情况，了解同学们对零花钱的支配理念。这不仅可以让学生直观感受到收入与支取的变化，还能通过比较、分析找出更合理的零花钱支配方案，从而帮助同学们树立全盘考虑、理性消费的观念。

二、提炼方法，聚焦问题解决

数学源于生活并用于生活，数学素养已经成为现代社会每一个公民都应具备的基本素养。日常的教学中，问题解决策略的教学一般都是结合数的运算相关知识点呈现在相应数量关系的情境中，以达到整体训练学生理解算理，掌握算法，启发学生学习和思考，建构模型，提升应用意识的目的。但是在实际生活中会发现学生应用数学知识解决真实问题的能力欠佳，解题策略并没有灵活运用起来，知识与生活脱节，没有形成数学素养。调查研究作业正是针对上述问题，将数学与生活有机融合，引导学生以解决真实问题为目标来选择调查研究的主题，确定调查研究的对象，思考调查研究的步骤，选择合适的调查方法和研究工具，从而找到对应的数学思想和方法来帮助实施和评价。学生经历了从调查研究的方案设计，逐步实施解决问题到评价反思的完整过程，体会到问题解决需要基于理解，学会了理性衡量起点和目标的距离，从而积累了解决问题的实战经验和策略，养成了有条理做事的好习惯。

例如，在学习了北师大版数学四年级上册"速度、时间、路程的关系"后，为了让学生感知三者之间的关系，可以组织学生开展"哪种交通工具更具性价比"的调查研究，对共享单车、公交车、出租车等进行对比分析。在

[①] 中华人民共和国教育部. 义务教育数学课程标准（2022年版）[M]. 北京：北京师范大学出版社，2022.

实施前，要引导学生做好计划：怎样认定性价比的高低？如何找到调查对象的相应数据？怎样尽可能客观、准确地记录？如何计算？如何比较？……学生在讨论思考中逐步建立解决问题的缜密思维。

三、深化理解，发展核心素养

当下，大数据时代已然到来，这让数据分析能力的培养变得更为重要，因此，培养学生的"数据意识""数据观念"已成为数学教学的重要任务。学生为了解决生活中的一些问题需要先进行调查研究，通过经历设计调查方案、收集资料、分析资料、发现规律、归纳结论等过程，进而体会数据分析对于决策的重要性。在数据分析过程中，学生需要深入了解事物本质，理解客观事实间的逻辑关系，提高对生活中随机现象发生可能性的预测能力，从而养成客观理性的科学态度。

例如，在学习北师大版数学五年级下册"长方体的表面积"后，为了提升学生的数学应用意识和能力，教师可向学生征集班级墙面粉刷方案，引导学生完成方案设计。为完成方案设计，学生分组进行数据收集，包括粉刷面积的计算、材料价格的市场调研、工人工资调查等，通过对收集数据的整理和对比分析，确定最优方案。在这个过程中，学生能深刻感受数学知识与生活实际的联系，体会科学决策的快乐。

我们培养的学生需要"会用数学的眼光观察现实世界，会用数学的思维思考现实世界，会用数学的语言表达现实世界"[1]。调查研究作业的设计为学生搭建了一座连接数学和现实世界的桥梁，让学生跳出课本，跃出课堂，感受数学在生活中无处不在的重要作用。通过调查研究，更好地让学生获得自主发展和个性化发展，提升学生数据处理和分析能力。

案例一 我来做老板

探究时机：

学习北师大版数学五年级下册"复式条形统计图"后。

---

[1] 中华人民共和国教育部. 义务教育数学课程标准（2022年版）[M]. 北京：北京师范大学出版社，2022.

探究目标：

通过"我来做老板"的实践活动，让学生经历方案设计、数据收集、展示交流等活动，积累数学活动经验，用复式条形统计图整理数据，并从统计图中获取信息，做出决策，感受数学在日常生活中的应用。

探究内容：

亲爱的同学们，我们学完了复式条形统计图，可以对生活中很多事物进行统计和对比分析，帮我们做出决策。下周我们将举行图书跳蚤市场活动，你想有一个"畅销"的店铺吗？请你做一做小老板，想一想，你将如何"备货"才能让你的小店物品都成为爆款呢？

1. 设计方案：要让自己小店的书更畅销，你需要解决哪些问题？
2. 数据收集与对比。
3. 我的发现和决策。

探究记录：

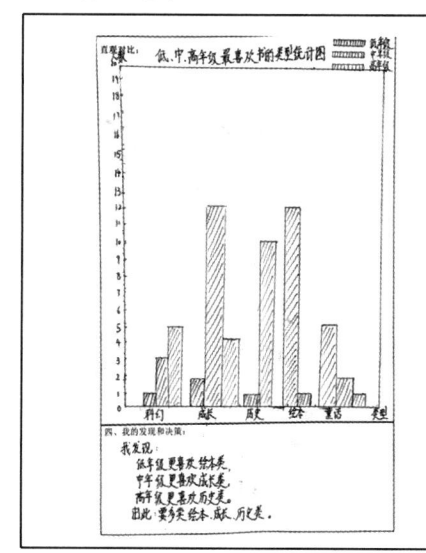

四川天府新区第四小学　马瑞汐

教师评价：

在为自己的"小店铺"设计方案和调查研究的过程中，你感受到数学在生活中的应用了吗？其实在生活的方方面面，科学的数据分析都能为我们的准确决策提供帮助，期待你们更多的体会和使用哦！

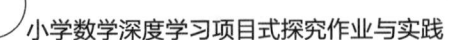

本案例入选理由：

1. 日常的复式条形统计图的练习更多是给出已知的两组数据，然后进行合并绘图。这种练习不能充分感知复式条形统计图在生活中的真实作用，故以真实活动为背景，更能进一步提升学生的应用意识、统计意识。学生能够根据需要来确定调查对象和内容，感受每一组数据的作用。

2. 以此次作业为契机，整合数学的方案设计，让学生感受到调查研究在生活实际中对问题的解决起到的决策作用，切身感受数学不止是在书本中，不止是在例题里。

案例二 测量生活中物体的高度

探究时机：

学习北师大版数学二年级上册"1米有多长"后。

探究目标：

通过估计、测量生活中的物品高度的活动，学生积累对1米的实际体验，加深对1米的认识，发展量感。通过调查研究活动，学生经历数据的收集、整理和分析过程，完整感知生活中解决问题的常用步骤，体会测量物体的长度在日常生活中的作用，意识到数据分析的重要性，提高数据意识。

探究内容：

同学们，通过学习，我们认识了新的长度单位——厘米和米，还学会了如何测量。接下来，让我们走出家门，走出小区去测量并观察一下你感兴趣的物体吧！

一、活动任务

1. 请你观察自己感兴趣的物品，估一估它的高度，然后测量，并记录下来。

2. 比较：这个物品高度比1米高还是比1米低？

3. 思考：这个物品的高度为什么要这样设计呢？

温馨提示：你可以用自己喜欢的方式记录下你的调查测量结果以及你的分析和想法。加油，同学们！

二、活动感受

说一说，通过这个活动，你有什么感受或收获吗？

探究记录：

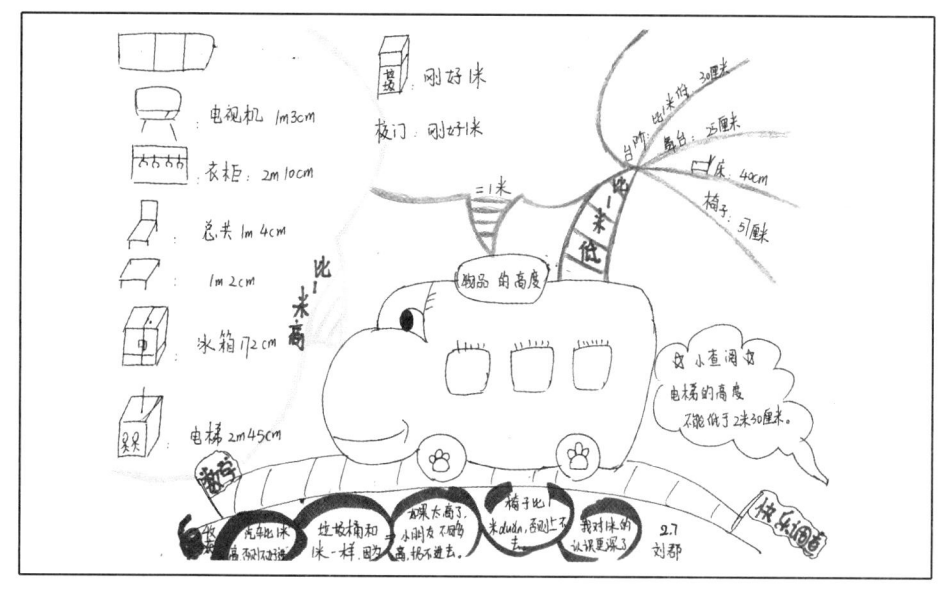

探究记录图（思维导图"物品的高度"）：
- 电视机 1m 3cm
- 衣柜 2m 10cm
- 沙发 1m 4cm
- 床 1m 2cm
- 冰箱 172cm
- 电梯 2m 45cm
- 窗：刚好1米
- 校门：刚好1米
- 台阶：出去时30厘米
- 窗台：五厘米
- 小床：40cm
- 椅子：51厘米
- 比1米高 / 比1米低
- 我小查调查电梯的高度不能低于2米30厘米。

四川天府新区南湖小学　郭艺涵

教师评价：

同学们，你们能够勇敢走出家门进行调查，真是太棒了！你们的想法和分析都很有道理。相信在调查和分析中，同学们对1米有了更深刻的认识吧，也相信通过这样的活动会让你更爱数学，因为数学有趣又有用！

本案例入选理由：

1. 通过与测量知识相关联的调查作业，学生能在有趣的数学活动中丰富数学活动经验，加深对1米的认识，发展学生的数感和量感。

2. 数学来源于生活，又回归于生活。设计本作业，可以帮助学生跳出课本、跃出课堂，体会数学与生活的紧密联系，感受数学在生活中无处不在的重要作用。

案例三　上学最优路线

探究时机：

学习北师大版数学二年级下册"1千米有多长"后。

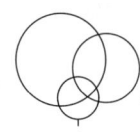

探究目标：

1. 借助实际调查，通过对调查结果进行分析，丰富学生对 1 千米的认识。

2. 感悟表达方法的多样性。

3. 通过对数据的收集、整理和分析过程，让学生感知生活中调查的常用步骤和方法，体会调查与收集、整理数据的重要性。

探究内容：

通过对本单元的学习，你认识新的长度单位"千米"了吗？那你能用自己的话说一说 1 千米有多长吗？你还想知道其他人对"1 千米有多长"的认识吗？

1. 活动任务

调查小区里的人对 1 千米的认识。

温馨提示：

（1）你可以让他们说一说对 1 千米的认识，当然你们可以做一些交流。

（2）你还可以给不太清楚的人说一说 1 千米有多长哦！

（3）用你喜欢的方式记录下你的调查结果和你对 1 千米的新认识。

2. 活动感受

说一说，通过这个活动你有什么感受和收获呢？

探究记录：

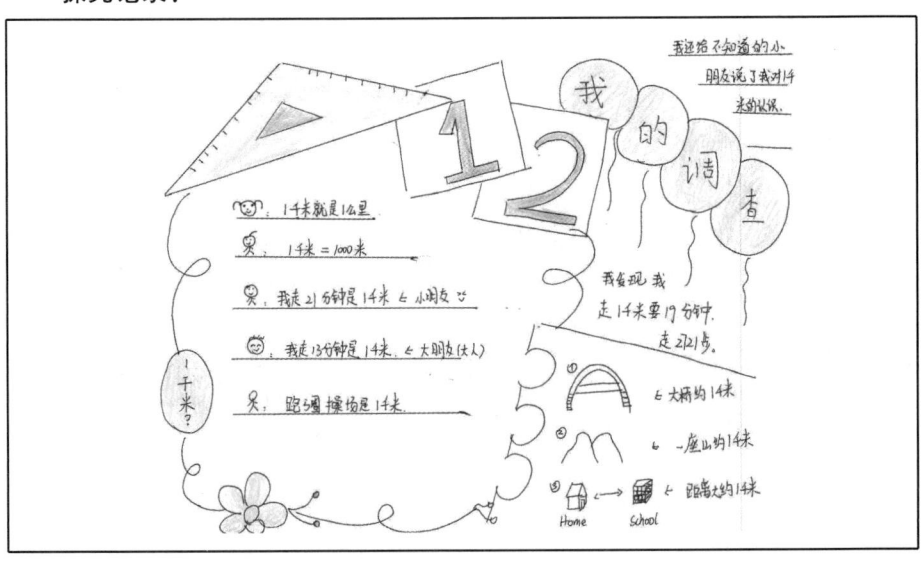

四川天府新区南湖小学　　罗玲玲

教师评价：
　　同学们，相信你们通过实际的调查都更深入了解了 1 千米有多长，真是为你们感到高兴！生活中还有很多事物可以用调查研究的方法解决，让我们继续感受吧！

　　本案例入选理由：
　　1. 学生在刚认识 1 千米后，对 1 千米的实际长度的认识还是较为单一的。依托此调查研究作业，教师引导学生实际调查并交流，了解 1 千米不同的表达形式，使学生对 1 千米实际长度的感知变得更加深刻和真实。
　　2. 数学的学习和作业设计不只是对某一知识点的学习，在学会知识的同时，更重要的是学会学习方法。这样的探究作业，给予学生亲身经历的机会，让学生在活动中感悟调查研究的意义。

案例四　睡眠时间小调查

　　探究时机：
学习北师大版数学二年级下册"上学时间"后。
　　探究目标：
　　通过"睡眠时间小调查"的实践活动，让学生经历收集数据、记录数据、对比分析、交流总结等活动，积累数学活动经验。学生通过计算所需数据，将数据与小学生健康睡眠时间进行对比，判断自己的睡眠时间是否符合国家要求。
　　探究内容：
　　亲爱的同学们，你知道小学生要保证身体健康，需要多长时间的睡眠吗？睡眠对促进中小学生大脑发育、骨骼生长、身心健康和提高学习效率至关重要。学完了"上学时间"这一课后，让我们一起对自己睡觉时间和起床时间进行收集、记录，并计算出我们的睡眠时间，再通过对比分析，判断自己的睡眠时间是否充足吧！
　　1. 记一记：记录自己一周内的睡眠时间，看看每天睡了多久？理一理，你需要解决哪些问题？
　　2. 做一做：设计表格填写数据。
　　3. 比一比：我的发现和决策。

探究记录：

活动任务：记录自己一周内睡眠时间。看看每天睡了多久？都符合国家要求吗？

理一理：记录自己一周内睡眠时间，你需要解决哪些问题？需要注意哪里问题？

1、手表和钟表的时间要对齐
2、几点睡，几点起
3、统一记录工具
4、_____

做一做：设计表格填写数据。

	睡觉	起床	睡了几时几分	是否符合国家要求
周一	9:30	7:00	9时30分	(X)
周二	9:30	7:00	9时30分	(X)
周三	9:25	7:00	9时35分	(X)
周四	9:20	7:00	9时40分	(X)
周五	9:00	7:00	10时	(✓)

比一比：观察对比，我的发现和决策。

我发现要控制好玩耍和写作业的时间才能提前睡觉，保正睡眠时间。

成都高新区益州小学　黄钰承

教师评价：

同学们，在调查研究中，你们感受到数据对我们的决策起的指导作用了吗？我们做决定需要数据支持，这样才能更合理、更准确。希望在今后的生活中，你们对数据有更多的体会哦！

本案例入选理由：

1. 在学完"时、分、秒"单元后，教材中紧接着就是"上学时间"的综合实践活动课。在这一课后，教师设计睡眠时间调查研究作业，既可以对前面学习过的知识进行复习应用，又可以让学生进一步感受相关知识在生活中的应用价值。

2. 在这个过程中，学生了解到虽然每天每人的睡眠时间可能不同，但通

过一周的记录，学生可以知道自己每天大概的睡眠时间，以此判断自己的睡眠时间是否符合国家要求等，从而培养学生做事的严谨性，在日常生活中形成科学的态度。

3. 学生通过比较自己与他人的数据加工结果，获得整体信息，然后根据这些信息发现并提出数学问题，再分析解决问题。这个过程能发展学生的"四能"，提升学生对调查研究活动的兴趣。

案例五　生活中的圆

探究时机：
学习北师大版数学六年级上册"圆"后。

探究目标：
1. 学生通过教材内容认识图形"圆"，再调查生活中的圆形，发现其中存在的规律。强化学生对于圆这一图形的各个特点的认识。

2. 通过探究生活中的各种物品为什么必须是圆形，体验并感悟"圆上的每一点到圆心的距离都相等"这一概念的意义。

3. 发现生活中各种圆形的物品，将它们与其他图形作对比。从数学上分析它的优点，进而掌握圆的特点。

探究内容：
圆形是一个基础但又十分重要的图形。你们在幼儿时期就能够认得圆。现在我们学习了关于圆的知识，让我们动手动脑来总结探究圆的特点与性质。生活中的圆形无处不在，比如课本上提到的车轮、井盖等，你们可以调查一下还有哪些物品是"非圆不可"的吗？为什么人们要把这些物品做成圆形，用到了圆形的哪个特点呢？

1. 调查：生活中形状是圆形的物品，查阅资料后说一说它们为什么要被做成圆形，是用到了圆形的哪个特点？

2. 研究：根据收集到的资料以及你的发现，试着总结圆有哪些特点。

3. 记录：根据调查与研究的内容，归纳整理记录自己的想法。

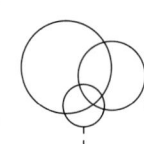

探究记录：

> 我发现生活中需要滚动的物品大多做成圆形，比如车轮、齿轮等等。他们的都有的特点就是能够滚动。可是为什么圆形的东西就能滚动呢？于是我和同学一起查阅资料。
>
> 如图，我们发现圆形物体在平面上滚动时，物体的位置只发生了旋转与水平方向上的改变。
>
> 当其它图形，如图中正方形绕着中心点旋转时，物体有高低起伏变化。所以如果车轮是正方形的，那么，车辆即使行驶起来，也会变得非常颠簸。
>
> 总结：我们觉得车轮、齿轮等物体是利用了圆圆长上的点到圆心的距离相等这一特点，同样利用这样的特点的物体还有地下水道的井盖，所以我们又继续研究井盖中的学问。

德阳市岷山路小学　周语晨

教师评价：

　　同学们，你们善于发现生活中的数学，用图文的方式描述自己调查到的信息，这种方式直观清晰，便于你们相互阅读和点评，同时对于圆的特点总结还可以变得更加全面。让我们继续在生活中寻找更多的事例来证明吧！

本案例入选理由：

　　1. 学生通过观察生活中圆形的应用情况，利用调查研究的方式进行分析、呈现结论，这个过程能够帮助学生理解隐藏在现象背后的本质，锻炼学生用数学知识解释生活现象的能力。

　　2. 教师通过引导学生完成调查研究，培养学生自主探索的能力，这个过程注重知识的迁移与内化，能强化学生的数学思考能力。

案例六　有趣的数字"0"

探究时机：
学习人教版数学三年级下册"除数是一位数的除法"后。

探究目标：
1. 引导学生探索学习被除数中间或末尾有 0 的除法的算理和算法，能够正确地进行计算。
2. 经历探索算理、算法的过程，培养学生初步的分析、推理能力，发展学生的形象思维。
3. 掌握被除数中间或末尾有 0 的除法的计算方法，并能正确地计算。

探究内容：
亲爱的同学们，你喜欢 0 这个数吗？你对 0 这个数了解多少呢？0 在加法、减法、乘法和除法四则运算中有什么特别之处吗？其实，0 是一个极为重要的数。在学习完"除数是一位数的除法"这个单元之后，你们会遇到第一个难点和易错点——被除数中间、末尾含有 0 的除法。

请你查阅相关资料，再次好好地认识一下"0"这个老朋友，再试着归纳一下本单元中与 0 有关的除法计算，将收集和整理的资料以数学小报或数学小论文的形式展现出来吧。

探究记录：

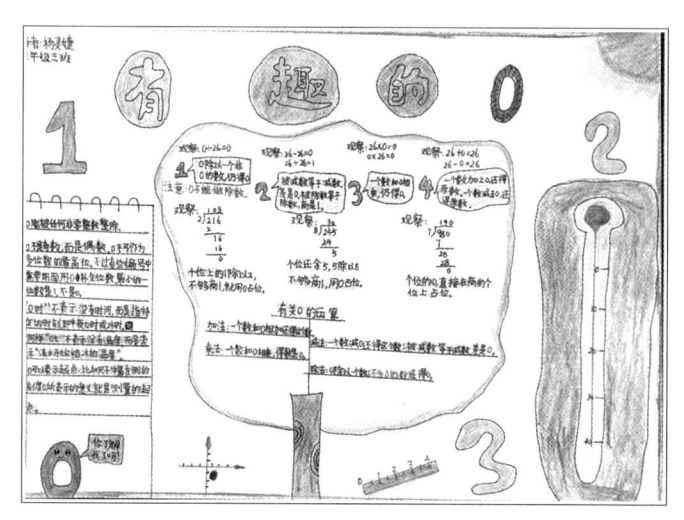

德阳市岷山路小学　杨灵婕

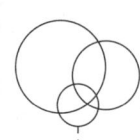

教师评价：
同学们，你们的作品抓住了被除数中间或末尾有0的除法这个知识的重难点，通过收集信息、梳理知识，从而发现问题、提出问题、分析问题和解决问题。在探究过程中，你们一定对"0"有了更多的认识，并能用数学小报的形式将多而杂的知识和观点汇总，非常了不起！

本案例入选理由：

本案例是数学问题中关于"0"的问题的一项作业，看似单一的作业却能激发学生自主探究的积极性。学生在探究的过程中，发现数学是有迹可循的，而且数学的规律常常隐藏其中。通过制作数学小报，学生能够自主探究数学规律，并结合课堂内的分组分享，进行自评互评、互相学习，从而在巩固被除数中间或末尾有0的除法的知识的同时，发展学生的合作学习能力。

案例七　再识中国地图

探究时机：

学习人教版数学三年级下册"位置与方向"后。

探究目标：

学生结合对中国地图已有的认知，在学习完本节课程之后再次学习中国地图中的数学知识。通过观察中国地图，说出自己家乡所在的省份位于中国的哪一个方向，找到家乡省份周围有哪些省（自治区、直辖市），从而培养学生阅读地图能力，进一步巩固位置与方向的数学概念。通过对中国地图的资料收集、信息标注，培养学生正确使用地图，自觉维护国家版图完整的情感态度与价值观。

探究内容：

提到国家版图，人们常常会想到地图。地图是表达国家版图时最常用、最主要的形式。在地图上可以形象直观地表示出国家的疆域范围以及边界、各级行政区域、行政中心、主要城市等。你熟悉我们的中国地图吗？中国版图的形状常被人们比喻为头朝东、尾朝西的昂首挺立的雄鸡。从地图上看，中国是一个海陆兼备、幅员辽阔的国家。中国位于北半球，处在世界最大的大洲——亚洲的东部，东临世界最大的大洋——太平洋，地理位置十分优越。同学们，你们肯定对中国地图有着一些认识，在学习了"位置与方向"之后，

我们再试着研究一下隐藏在我们的中国地图里的数学知识吧。

1. 请你根据收集的材料，重新认识地图。你能找到自己家乡所在省吗？

自然地理分区的基本依据，是在科学的基础上，综合历史、民族等多种维度，遵循相关的区划原则进而开展区划工作。中国常见的地区划分为华北、华东、华中、华南、东北、西南、西北地区7个。

2. 请你用彩色笔涂一涂，并写一写你家乡所在的省份位于哪一个地区。

3. 你能通过查阅资料，标记出中国香港和中国台湾的位置吗？再说一说我国南海诸岛所处的位置。

探究记录：

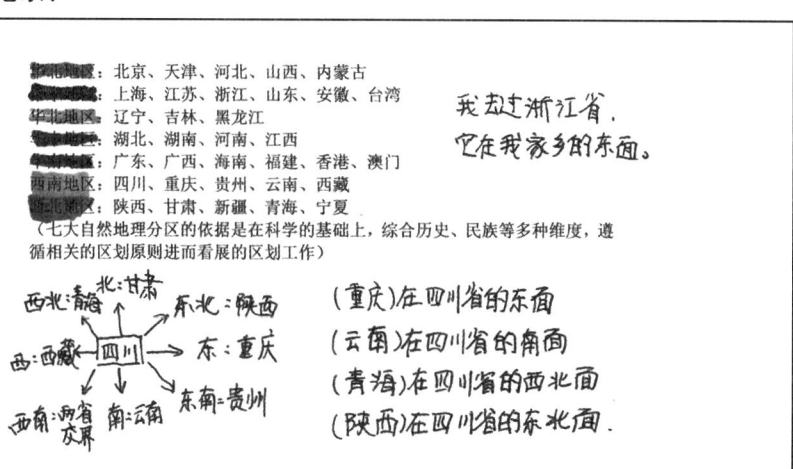

德阳市岷山路小学　赵一舟

教师评价：

同学们，你们通过读地图、收集资料来研究生活中的方向与位置，进一步认识了"东、南、西、北"的相关知识。通过查找各个省份的位置进而描述了各个省份与相邻省份的位置关系。完成作业后的你们对于中国版图一定有了更深刻的印象，是不是更加热爱我们的祖国了呢？

本案例入选理由：

1. 地图是数学性较强的一种工具，而学生们最熟悉的地图就是中国地图。通过研究中国地图中的方向与位置，学生能巩固课中所学知识，发展空间观念，同时加深对祖国的了解，激发爱国热情。

2. 通过调查研究的方式，学生锻炼了收集信息、整合信息、分析数据的能力。

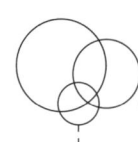

案例八　掷骰子游戏

探究时机：
学习北师大版数学三年级下册"数据的整理和表示"后。

探究目标：
通过"掷骰子游戏"的实践活动，学生经历收集数据、记录数据、整理数据、分析数据等活动，观察各数字出现的次数，发现抛两个骰子得数大于7与得数小于7的概率是一样的，从而判断游戏是公平的。

探究内容：
淘气和笑笑在进行掷骰子比赛，一人一个骰子，同时抛出。淘气说："掷骰子落地后朝上的数字总和大于7，我赢，小于7，你赢。"笑笑说："不公平！"你认为呢？快来利用统计知识分析看看吧！

活动任务：收集、分析、整理数据，判断谁说的对？

1. 我的猜想：我认为（　　　）说的对。

2. 我的验证：

（1）想一想：掷骰子的情况，记录下来？

（2）理一理：整理数据哦！（利用下图整理数据）

（3）填一填：设计表格填写数据。

数字总和										
出现次数										

验证：观察发现，判断。
我发现_____
_____

探究记录：

活动任务：收集、分析、整理数据，判断谁说的对？

我的猜想：我认为（淘气）说的对。

我的验证

想一想：掷骰子的情况，记录下来？

6×6=36（种）

答：一共有36种情况

	1	2	3	4	5	6
1	✓	✓	✓	✓	✓	✓
2	✓	✓	✓	✓	✓	✓
3	✓	✓	✓	✓	✓	✓
4	✓	✓	✓	✓	✓	✓
5	✓	✓	✓	✓	✓	✓
6	✓	✓	✓	✓	✓	✓

理一理：整理数据哦！（利用下图整理数据）

填一填：设计表格填写数据。

数字总和	2	3	4	5	6	7	8	9	10	11	12
出现次数	4	4	3	2	5	4	7	6	4	1	0

验证：观察发现，判断。

我发现：我掷了40次骰子，笑笑赢了18次，淘气也赢了18次，还有4次打平。所以这个比赛很公平，我觉得淘气说得对的。

成都高新区益州小学　代子鑫

教师评价：

猜测游戏是否公平是需要验证的，猜得对与不对需要事实来说话。从这个统计作业，我们知道了抛两个骰子得数大于7与得数小于7的可能性是一样的，因此游戏是公平的。在今后的生活中，期待同学们也能用这样的方式在自己猜测后进行验证哦！

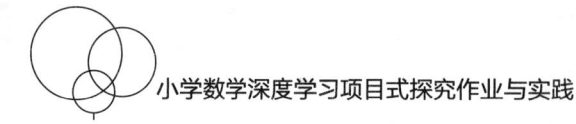

本案例入选理由：

1. 在学完"数据的整理和表示"单元后，布置这样一个作业，既可以对已学的统计知识进行复习，又可以进一步让学生感受猜测后验证的重要性。

2. 游戏公平与否，不是简单地靠猜测，而需要用数据说话。学生找到两个骰子出现的几种情况，在横轴上进行记录，观察数据再做出判断。用这样有趣的方式解决生活中的问题，学生可以体会到了数学与生活的紧密联系。

案例九　手机有用吗

探究时机：

学习北师大版数学二年级下册"最喜欢的水果"后。

探究目标：

1. 借助现实中的生活情境，引导学生感悟统计调查的重要性，并且利用合适的方法进行调查、记录及整理数据。

2. 分析调查结果，并结合调查数据的记录，思考一些简单的问题，提出简单的决策建议。

探究内容：

现在是信息化时代，人们走到哪里都在使用手机，你发现了吗？在我们生活中手机好像无处不在，那大家究竟在用手机做什么呢？我们已经学习了调查和分析的方法，那就快来试试完成下面这个任务吧！

一、活动任务

1. 请你调查一下大家都经常使用手机吗？都使用手机做什么呢？

（温馨提示：你可以选择不同年龄的人进行调查，如小孩、大人、老人等。）

2. 调查并查阅资料思考手机有哪些作用？有哪些危害？

3. 结合自己的情况说一说，以后该如何使用手机呢？

二、活动感受

探究记录：

四川天府新区南湖小学　丰乐冉

教师评价：

　　同学们，这样的调查研究活动是不是很有意思呢？相信你们在活动中感受到了数学与生活的紧密联系，也学会了通过调查和分析的方法研究和解决问题。以后，我们继续用数学方法去解决生活中的问题吧！

本案例入选理由：

1. 此项作业鼓励学生尝试用数据收集整理的方法来解决生活中手机使用的问题，让学生在调查的同时，体会手机的用处。同时通过调查和沟通，让学生意识到手机的一些危害，从而养成合理使用手机的习惯。

2. 此项作业将数学与生活有机融合，引导学生以调查手机使用为背景，确定调查对象分为三类人群，积极思考合适的调查方法和研究的工具，最后展开调查、分析数据并解决问题。

案例十　近视调查

探究时机：

学习北师大版数学六年级上册"扇形统计图"后。

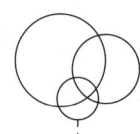

探究目标：

学生通过统计六年级各班级戴眼镜人数占本班总人数的比例，经历收集数据、整理数据（计算百分数）、制作扇形统计图、分析统计图的完整数据统计过程，从而复习百分数的相关知识。联系现实生活，引导学生感受数据分析的价值，让学生体会数据与现实生活密不可分的联系。

探究内容：

我们学习了统计中的数据收集、整理与分析后，可以帮助我们分析学校六年级各班的近视情况，从而有针对性地为近视率高的班级寻找改善近视情况的措施，还可以用才学习的"扇形统计图"来分析本班近视情况。要完成这些任务，你可能会遇到哪些问题，又该怎样去解决呢？来试一试吧！

1. 活动任务

调查六年级各班戴眼镜人数占本班总人数的百分比，并挑选相关数据绘制出本班男、女近视人数占本班总人数的扇形统计图。

2. 调查和整理

班级							
戴眼镜人数							
总人数							
戴眼镜人数本班总人数的百分数							

从表中你能获得哪些信息？

3. 绘制扇形统计图

（1）要完成扇形统计图，还需要知道_____。

（2）本班女生近视_____人，男生近视_____人。

（3）计算出相关百分数。

（4）请在下图中绘制出本班男、女近视人数占全班总人数的扇形统计图。

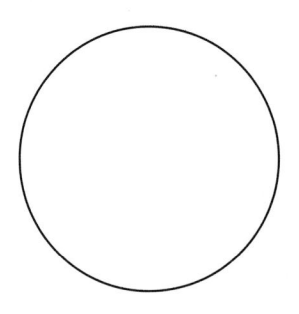

从扇形统计图中我发现：

_____

从整个活动中，我的感受：

探究记录：

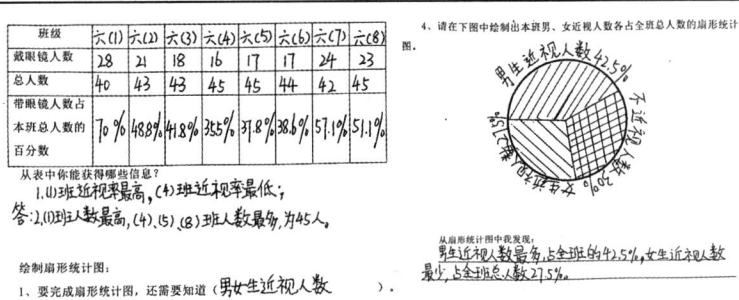

班级	六(1)	六(2)	六(3)	六(4)	六(5)	六(6)	六(7)	六(8)
戴眼镜人数	28	21	18	16	17	17	24	23
总人数	40	43	43	45	45	44	42	45
戴眼镜人数占本班总人数的百分数	70%	48.8%	41.8%	35.5%	37.8%	38.6%	57.1%	51.1%

从表中你能获得哪些信息？
答：(1)(1)班近视率最高，(4)班近视率最低；
(2)(1)班人数最高，(4)(5)(8)班人数最多，为45人。

绘制扇形统计图：
1、要完成扇形统计图，还需要知道（男女生近视人数）。
2、本班女生近视（11）人，男生近视（17）人。
3、计算出相关百分数。
男：17÷40=42.5%
女：11÷40=27.5%

4、请在下图中绘制出本班男、女近视人数各占全班总人数的扇形统计图。

（扇形统计图：男生近视人数42.5%，不近视30%，女生近视人数27.5%）

从扇形统计图中我发现：
男生近视人数最多，占全班的42.5%，女生近视人数最少，占全班总人数27.5%。

从整个活动中，我的感受：
现在的电子产品使用越来越多，近视率也越来越高，要控制这种情况，必须减少对电子产品的使用，才能减少近视率。

成都高新区益州小学　李宇琪

教师评价：

　　同学们，你们在完成任务的过程中和其他班级同学互相交换数据，合作解决问题，这将给你们的学习生活留下一抹独特的记忆。同学们通过数据的收集、整理和分析，顺利完成了扇形统计图的绘制。希望在今后的生活中，你们收集和处理数据的能力能越来越好。

本案例入选理由：

1. 通过探究活动，学生可尝试根据信息绘制扇形统计图，从而提升探究学习能力。

2. 学生通过数据加工、分析结果，获得自己班级近视人数的整体数据，再对比其他班级数据，得出有一半的学生近视的结论。这个结论让学生明白了保护视力的重要性，同时体现出数据调查对于解决日常生活中问题的重要性。

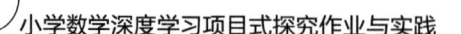

第八章　文化浸润类

第一节　文化浸润的内涵概述

　　文化浸润类的探究作业常常把科学常识、历史文化知识，以阅读材料或任务探秘的形式进行呈现，从而促进学生认知与元认知的彼此交融，拓展思维的宽度和深度。

　　文化，即人类自身创造的物质和精神财富。数学文化是指知识创造和传递过程中蕴藏的数学知识、方法、思想、观念、精神，它是现代文明的重要组成部分。以文化的视角，尝试建构具有文化意蕴的数学探究作业，并辅以多维度的作业解释，设计出具有文化底蕴的探究性作业，有利于让学生经历、体验数学作业产生的文化共鸣，体会数学文化与社会文化的互动，让学生感受数学作业的意趣与价值，从而提升学生的综合素养。

第二节　文化浸润的方式与价值

一、加强文化浸润，体现知识间的融通之理

　　《义务教育数学课程标准（2022年版）》明确提出关注"数学文化"，文

化浸润也是促进核心素养的有效途径之一[①]。于学生而言，数学文化的浸润在于学生学习知识的过程中要伴随着丰富的数学思考。它既不是简单数学史的介绍，又非历史重现，而是要以"文"化人，融通本体知识，从而让学生感受到每一种新知识的产生是自然而然、水到渠成的。这既符合学生的认知基础，又能激发学生的学习动机。于教师而言，数学史告诉我们任何数学概念、公式、定理都不是凭空而来，都有其自然发生的过程。教师要拥有这样专业化的知识，将数学文化与本体知识巧妙融合，在学习过程中传递数学思想方法，启迪学生智慧，开阔学生视野，提升学生数学素养。

例如在北师大版数学三年级下册"认识分数"一课的学习中，分数的概念如何产生是牵动学生深度思考的弦。有些问题单靠内部的逻辑推理是无法回答的，这种时候只能用数学史来回答。我们利用探究作业向学生介绍关于古代分数的记载，从分数产生的历史中让学生感受分数的变迁。回到历史中，感受分数，"分"出来的数是多么贴切与和谐。

二、探究知识本质，获取探究中的成功之乐

从"追本溯源"的角度设计探究作业，就是引导学生对相关知识刨根问底，了解其产生、发展、演变的过程，以追历史之脉。文化中蕴含着丰富多彩的问题、思想及方法，我们借鉴数学文化为学生提供探究的机会，让他们经历不同时期历史的演变，归纳概括其中的本质，积累数学活动的经验，感受思维的乐趣，获取成功的体验。在数学文化中发现规律、感悟深远意义和价值，从而培养学生正确的数学观和数学价值观。

例如在北师大版数学三年级下册"两位数乘两位数"的学习中，引入画线、铺地锦等算法，学生在学习中加深对乘法竖式本质的理解，意识到不同方法的共通之处为相同的计数单位相加减。通过对比研究，辩证的分析每种方法的优势与不足，发展学生的批判性思维。沿着数学史研究的轨迹，学生带着"再创造"，从历史深处走来，走向未来。

三、提升综合素养，展现数学里的文化之美

在注重核心素养的时代，学生的学习已不再局限于具体的数学知识或方法，而应更多地关注学生的思维方式、行为规范、道德观念、精神气质、人

---

① 中华人民共和国教育部. 义务教育数学课程标准（2022年版）[M]. 北京：北京师范大学出版社，2022.

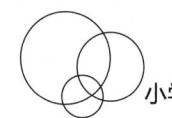

性特征等，这些都是学生在数学思考问题上所特有的思维方式。在小学数学几个板块的学习中，均能找到文化浸润的影子，甚至随处可见数学史料的呈现。在人民币的学习过程中，教材引用了周总理的"18元8角8分"的故事，让学生了解了第三版人民币的类型，从故事中体会伟人的睿智、民族的自信，树立学习的自信心。在乘法口诀的学习过程中，教材引入《西游记》中的经典词句"七七四十九天""不管三七二十一"，加深学生对"七"的乘法口诀的记忆和理解，感受学科文化的共通性。这样的文化引入方式虽简单，但对学生的影响却是巨大的。在年、月、日的学习中，除了传递基本知识外，我们还可以从不同角度渗透时间观念，让学生利用学习的时间单位制作时间规划表或成长计划表，了解身边人工作时长和近期计划，学会珍惜时间，感恩长辈。将惜时教育与数学核心素养相结合，培养学生的人文素养，不仅引导学生学习知识，而且关注了学生自我管理的能力，传承了文化之魂。这些探究作业设计，使作业灵动起来，恢复了"人"的元素，从数学文化中找到了不一样的作业研究。

在"立德树人、育人为本"的当下，数学文化浸润让我们有更广阔的视野去拓展数学的边界，把握数学的独到价值，从而运用数学独一无二的力量去凸显学生的核心素养。当然数学文化也能"化"生于无形，除教学形式上无处不在地渗透文化，数学作业也能浸润文化，对学生的思维品质、数学精神、人文素养都达到了"点化"的作用。[1]

案例一　认识古代超级计算机

探究时机：
学习北师大版数学四年级上册"认识更大的数"后。
探究目标：
1. 在认识算盘的过程中，理解算盘的计数，感受十进制计数法。
2. 感受劳动人民的聪明才智，在解密算盘的过程中提升民族自豪感。
探究内容：
任何一种工具都有一个长期演化的历史，数学计算工具从算筹—算盘—计算机，也经历了从低级到高级的过程。如今早已是电子计算机的时代，但

---

[1] 顾亚龙. 以"文"化人——小学数学文化的育人视界 [M]. 上海：上海教育出版社，2014.

算盘并未被淘汰，一些国家反而出现了"算盘热"。它为何能如此受欢迎呢？让我们一起来探究这个古代超级计算机吧！

探究一："画"中初识算盘。

你知道算盘的样子吗？你了解它各部分的名称吗？请你查阅资料后，手绘算盘，介绍一下它吧！期待你精彩的创作。

探究二："拨"中进行计数。

1. 通过查阅各种资料，我知道了算盘上每一档代表一个数位，记数前先要确定哪一档作（　　）位，从右向左依次是（　　　），（　　　），（　　　），（　　　）……记数时，算珠拨到靠梁才表示算盘上有数，每一档的一颗上珠表示（　　），一颗下珠表示（　　　）。

2. 你能在算盘上拨出 18 吗？254 呢？4520 呢？和你的同桌说一说吧！

如：18，在十位上拨一个下珠，在个位上拨一个上珠、三个下珠。

3. 你能写出以下算盘中表示的数吗？

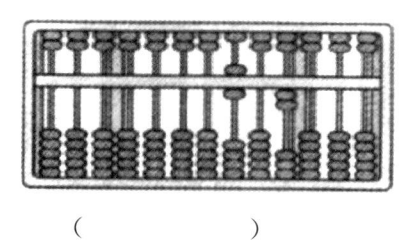

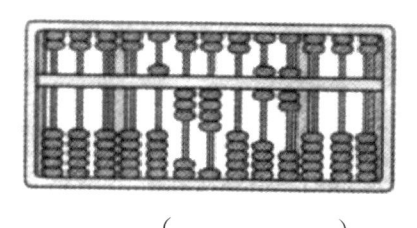

（　　　　　）　　　　（　　　　　）

4. 本单元我们学习了认识更大的数，你能在算盘上表示第七次全国人口普查总人口数 1443497378 吗？赶紧拨一拨，画一画吧！

探究三：赏析算盘谜语

1. 两层楼房并不大，楼上两家下五家。楼上楼下总不和，噼里啪啦爱打架。
2. 古人留下一座桥，一边多来一边少。少的要比多的多，多的反比少的少。

从上面的谜语中，你有哪些发现呢？

探究记录：

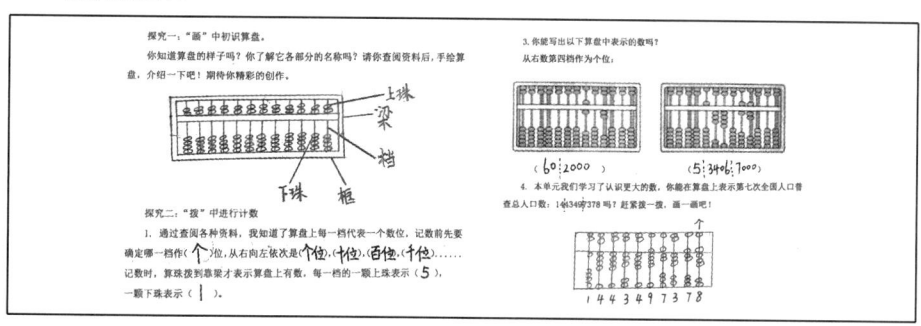

电子科技大学附属实验小学　　卓越好

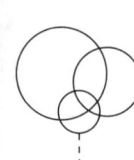

> **教师评价：**
> 同学们，恭喜你你在查阅资料的过程中，认识了算盘的结构，并能够用算盘计数。算盘的背后蕴藏着中国古人的智慧，常用算盘也会提高我们的思维能力。那如何利用算盘进行运算呢？期待你们有更多的探索。

本案例入选理由：

通过认识算盘，将课内外知识相结合，加强了学生对十进制计数法的理解，增强学生对我国优秀传统文化的认识，增强了文化自信。

案例二　身边的长度单位

探究时机：

学习北师大版数学二年级上册"1米有多长"后。

探究目标：

1. 了解长度单位"米"的定义的由来，感受其精准度。

2. 在观察、测量的活动中去体会米的实际意义，初步建立米的长度观念。

3. 拓展学习古代制订长度标准的依据，感受数学文化的魅力。

探究内容：

亲爱的同学们，我们刚学习了"1米有多长"，但你知道"米"究竟是怎么定义而来的吗？它经历了三次蜕变，一起来看看吧。

时间	定义
1889年9月20日	在第一届国际计量会议上，"米"被确定为国际通用的长度单位，并按其标准制成米原器，在巴黎的国际计量局中保存下来。
1960年10月	第十一届国际计量会议决定，米等于 ^{86}Kr 原子 $2P_{10}$ 和 $5D_5$ 能级之间跃迁所对应的辐射长度。这个定义标志着测量精度的提高。
1983年10月	米的新定义在第17届国际计量大会上被正式通过：米是一个时间间隔 1/299792458 秒的光在真空中运行的长度。米的这个新定义具有足够的精确度。

其实，在生活中到处都会有"米"的影子，请说说你的观察与发现吧。

第八章 | 文化浸润类

我发现：_____ 大约是（　　）米；
　　　　_____ 大约是（　　）米；
　　　　_____ 大约是（　　）米。

除了"米"，还有一个老大哥叫"光年"，也是长度单位。光年是指以时间和速度计算，光在真空中行走一年的距离，光行走一年的距离称为光年，约为9.46亿公里。

对于"光年"，你还有什么了解？请自行查阅相关书籍或网络资料，把你的收获写下来。

其实早在古代，不同的国家和地区都有着属于自己的长度单位。从下面这些词语和成语中，你能找到属于我国古代的长度单位吗？比如鼠目寸光；咫尺天涯、退避三舍、"寸有所长，尺有所短"、"失之毫厘，差之千里"，等等。其中寸、舍、尺等都是中国古代的长度单位。更令人惊讶的是，我们身体的一部分也被利用于古代长度的丈量。如下图：

　　　拃（zhǎ）　　庹（tuǒ）　　步　　腕尺　　英尺

那古代的长度单位与我们今天所学的国际标准单位有什么关系呢？赶紧查阅资料，记录一下你的发现吧！

探究感想：
同学们，通过对这些长度单位的认识和学习，你有什么想说的吗？
我的发现：

我的收获：

探究记录：

> 其实，在生活中到处都会有"米"的影子，请说说你的观察与发现吧。
> 我发现：人与人之间的安全距离　　大约是（ 1 ）米
> 　　　　电线杆　　　　　　　　　大约是（ 5 ）米
> 　　　　房屋层高　　　　　　　　大约是（ 3 ）米
>
> 对于"光年"，你还有什么了解？请自行查阅相关书籍或网络资料，把你的收获写下来。
> 我发现：世界上最快的飞机，也只能达到每小时1.12万千米，依照这样的速度，飞越1光年的距离，大约需要用18000多年的时间。
>
> 其实，在生活中到处都会有"米"的影子，请说说你的观察与发现吧。
> 我发现：门的高度　　　　大约是（ 2 ）米
> 　　　　床的高度　　　　大约是（ 0.5 ）米
> 　　　　我的身高　　　　大约是（ 1.3 ）米
>
> 探究感想：
> 同学们，通过对这些长度单位的认识和学习，你有什么想说的吗？
> 我的发现：
> 　长度单位有很多，分清它们很重要
> 　单位换算要仔细，看清题目再下笔。
> 我的收获：
> 　我认识了"肘"、"虎口"等几个不常见的单位。

电子科技大学附属实验小学　蒋皓宸

教师评价：

　　同学们善于用数学的眼光观察世界，并通过测量感受1米的实际长度，还通过阅读书籍、翻阅资料找到了光年的相关知识，能独立思考并解决问题，老师为你们点赞！

本案例入选理由：

1. 通过对古代长度单位的学习，感受长度单位的历史变迁和实用性。
2. 学生通过对身边事物的测量，真切感受到1米的实际长度，体会长度单位应用的广泛性。

案例三　曹冲称象

探究时机：

学习北师大版数学三年级下册"1吨有多重"后。

探究目标：

1. 探究质量单位"吨"，了解1吨大概有多重。
2. 探究故事里的数学方法，感受故事背后的智慧。
3. 鼓励学生在生活中要善于思考、善于观察，并运用所学数学知识解决

实际的问题。

探究内容：

东汉末年，吴国孙权赐给魏国曹操一头大象，如此庞然大物，曹操从来没有见过，想弄清楚它究竟有多重。所以曹操对臣子们说："谁有称象的法子？"

有人搬出了专用的秤，但由于大象实在太大了，一站上去便把秤踩扁了。

有臣子提议将大象一块一块切下来，分开秤，再算加起来有多重，但又觉得过于残暴。而曹操又对大象的可爱模样情有独钟，因此不希望为了称重而失去它。

正在大家一筹莫展时，曹操6岁的儿子曹冲突然说："我知道怎么称了！"他把大象赶到一艘船上，看看它到底沉到了什么程度，还在上面做了标记。接着将大象赶上岸，将一筐石块搬上船，直到小船沉入刚划好的横线位置，大功告成。

最后逐一称量船上的石块，所有石块相加的重量就是大象的重量了！

亲爱的同学们，你们听过上面"曹冲称象"的故事吗？其实，这个文化故事里还隐藏着一些数学秘密，一起去看看。

方法	原理	试一试
等量代换	将大象换成很多石头，在舷上刻上标记，使大象和石头产生等量作用的做法，称为"等量代换法"。等量代换最重要的是要找到桥梁，曹冲称象就是把石头作为桥梁。	一个菠萝的质量＝（　　）个桃子的质量
分而治之	曹冲把一头大象换成很多块石头，这种方法称为化整为零、分而治之。曹冲等人把石头从船上搬下来后又遇到难题：那么多石头，若只用一杆秤称会浪费很多时间，可再次用"分而治之"的办法。	假设把这些石头平均分成24份，让24组人同时称，每堆重125千克。请问大象的重量是多少千克？合多少吨？ 提示：1吨＝1000千克 思考：怎样拆分才能快速、简便计算？

探究感想：

同学们，"曹冲称象"的故事给你带来了什么启发？请把你的想法写下来。

探究记录：

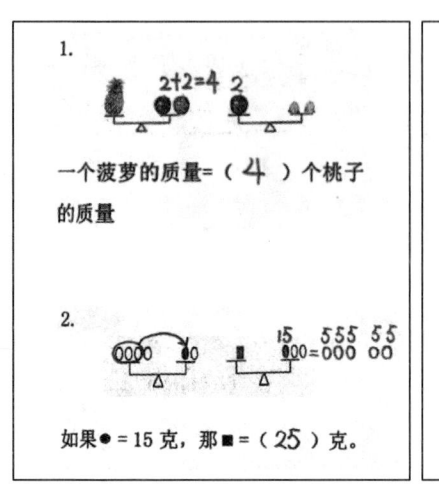

1.	假设把这些石头平均分成24份，让24组人同时称，每堆重125公斤。请问大象的重量是多少公斤？合多少吨？	假设把这些石头平均分成24份，让24组人同时称，每堆重125公斤。请问大象的重量是多少公斤？合多少吨？
2+2=4 2 一个菠萝的质量=（ 4 ）个桃子的质量	提示：1吨 = 1000千克 = 1000公斤 思考：怎样拆分才能快速、简便计算？ 125 100 20 5 100×24=2400（公斤） 20×24=480（公斤） 5×24=120（公斤） 120+480+2400=3000（公斤） 3000公斤=30吨 答：大象的重量是3000公斤，合30吨。	提示：1吨 = 1000千克 = 1000公斤 思考：怎样拆分才能快速、简便计算？ 24=3×8 8×125×3 =1000×3 =3000（公斤） 3000公斤=30吨 答：是3000公斤，合30吨。
2. 15 555 55 000 000 00 如果●=15克，那■=（ 25 ）克。		

同学们，"曹冲称象"的故事给你带来了什么启发？请把你的想法写下来。

每一道数学难题就是一头大象，在学习数学过程中，会遇到很多"大象"，只要多动脑筋，都能找到解题方法。

电子科技大学附属实验小学　李永超

教师评价：
"曹冲称象"里隐藏的数学秘密和方法，相信同学们都通过自己的学习掌握了。同学们还能通过不断探索，举一反三，找到多位数乘多位数的巧妙计算方法，老师为你们点赞！

本案例入选理由：

1. 通过文化故事，学生能深刻理解"等量代换"最核心的思想就是要找到可以量化的桥梁，这对以后的数学学习有很大帮助。

2. 故事中有乘法的拆分计算，从两位数乘两位数过渡到两位数乘三位数，此过程对学生的计算能力会提出较高要求，有助于培养学生的迁移学习能力。

案例四　分数时空探险记

探究时机：
学习北师大版数学三年级下册"认识分数"后。

探究目标：
1. 探究分数的计算方法，明白分母、分子的意义。
2. 对比各国不同的计算方法，感受分数的进化。
3. 从不同的计算方法中，感受各国的智慧与文化。

探究内容：
各位同学，分数历史悠久，是人们几千年的智慧结晶。同整数一样，分数也是可以计算的，但不同国家的人的计算技巧不同。打开以下的月光宝盒，让我们一起去看看各国分数的计算流程，然后试着用他们的方法算一算吧！

国家和地区	计算方法	试一试	对比评价
埃及	针对分子是1的分数，编制出了把分子不是1的分数化成分子是1的分数之和的表，例如： $\frac{2}{21}=\frac{1}{14}+\frac{1}{42}$ $\frac{2}{15}=\frac{1}{10}+\frac{1}{30}$ $\frac{2}{13}=\frac{1}{8}+\frac{1}{52}+\frac{1}{104}$	$\frac{5}{6}=\frac{(\ )}{(\ )}+\frac{(\ )}{(\ )}$ $\frac{7}{12}=\frac{(\ )}{(\ )}+\frac{(\ )}{(\ )}$	
巴比伦	创造了六十进制的计数制度，巴比伦人就利用分母是 60，60^2，60^3 等的分数，编制了用六十进制的分数来表示分子是1的分数的表，例如： $\frac{1}{54}=\frac{1}{60}+\frac{6}{60^2}+\frac{40}{60^3}$		
印度	7世纪中叶，在印度数学家拉莫古浦塔的著作记载，分数加减乘除的规律与我国筹算记法一样，分数的七分之二记法只比现在的分数少了分数线	$\frac{2}{8}+\frac{3}{8}=\frac{(\ )}{(\ )}$	

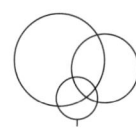

续表

国家和地区	计算方法	试一试	对比评价
中国	《九章算术》最早记载了系统叙述分数运算规律： 1. 分数加法叫作"合分"，例：$\dfrac{b}{a}+\dfrac{d}{c}=\dfrac{bc+ad}{ac}$ 2. 分数减法叫作"减分"，例：$\dfrac{b}{a}-\dfrac{d}{c}=\dfrac{bc-ad}{ac}$ 3. 分数乘法叫作"乘分"，例：$\dfrac{b}{a}\times\dfrac{d}{c}=\dfrac{b\times d}{a\times c}$ 4. 分数除法叫作"经分"，例：$\dfrac{b}{a}\div\dfrac{d}{c}=\dfrac{b\times c}{a\times d}$	$\dfrac{1}{2}+\dfrac{3}{4}=\dfrac{(\quad)}{(\quad)}$ $\dfrac{3}{4}-\dfrac{1}{2}=\dfrac{(\quad)}{(\quad)}$ $\dfrac{1}{2}\times\dfrac{3}{4}=\dfrac{(\quad)}{(\quad)}$ $\dfrac{1}{2}\div\dfrac{3}{4}=\dfrac{(\quad)}{(\quad)}$	
阿拉伯	阿拉伯人在分子和分母中间添上一条横线，并且把带分数的整数部分写在分数的前面，例如三又七分之二写作 $3\dfrac{2}{7}$	四又八分之七 写作：（　）$\dfrac{(\quad)}{(\quad)}$	
欧洲	现在的分数算法是在公元15世纪以后才逐渐形成的。 英国人同斯托在公元1522年说明 $\dfrac{1}{5}\times\dfrac{1}{5}$ 时，先将正方形垂直地等分成5个长条，再水平地等分成25个小正方形，其中每个小正方形即 $\dfrac{1}{5}\times\dfrac{1}{5}=\dfrac{1}{25}$，德国人路多尔夫计算 $\dfrac{2}{3}+\dfrac{3}{4}$ 时，写成下面的格式： $\dfrac{\begin{matrix}8&9\\2&3\\3&4\end{matrix}}{12}$　得　$\dfrac{17}{12}$	$\dfrac{4}{5}+\dfrac{5}{6}=\dfrac{(\quad)}{(\quad)}$ 计算过程：	

探究感想：
　　月光宝盒时空探险记暂告一段落啦，通过刚刚各国分数的计算方法的学习，快谈谈你的发现和收获吧！

我的发现：

我的收获：

探究记录：

(探究记录表格，内容为不同国家的分数计算方法对比)

探究感想：
月光宝盒时空探险记暂告一段落啦，通过刚刚各国分数的计算，快说说你的发现和收获吧！

我的发现：各个国家有自己的计算技巧。
我的收获：
1. 明白分母、分子的意义。
2. 感受分数的变化。

探究感想：
月光宝盒时空探险记暂告一段落啦，通过刚刚各国分数的计算，快说说你的发现和收获吧！

我的发现：我发现这些国家的分数计算规则基本相同。
我的收获：我知道了分数的加减应化为相同分母，而乘除法不同。

电子科技大学附属实验小学　李紫薇

教师评价：
　　相信同学们已经对不同国家的分数计算方法有了一定的掌握，学会了"合分""经分"等，同时在计算过程中，更加深刻地体会到分母与分子之间的关系，真棒！

本案例入选理由：
1. 学生通过了解古代文献中分数的记载以及不同的分数制度，感受分数的文化魅力。
2. 学生在分数计算中，再次体会分母、分子对于分数的实际意义。
3. 了解分数家族的成员假分数、带分数等，丰富学生对分数的认知。

案例五　面积的起源

探究时机：
学习北师大版数学三年级下册"面积"前。

探究目标：
1. 了解面积起源的故事，并初步感知面积的定义。
2. 尝试用铺地砖的方式解决面积计算问题，体会数学与生活的关系。

探究内容：
同学们，你们知道世界第一长河吗？它就是尼罗河，总长度 6670 千米。

请你先在世界地图上找到它吧！

亲爱的同学们，说起"金字塔"，你会想起哪个国家呢？没错，就是埃及。

尼罗河作为埃及的母亲河，面积的起源和尼罗河的水又有着怎样的联系呢？让我们一起来阅读和分享吧！

面积的起源——从尼罗河的水说起

古埃及沙漠广布，不适宜人类居住。但是它却和中国一样，同属文明古国。这是为什么呢？我们得从古埃及的母亲河——尼罗河说起。

尼罗河从南向北流，穿过沙漠中的古埃及，带来了丰富的水资源。因此尼罗河的两岸，植物生长茂盛，动物也开始聚集，为了生存，当地的人们自然也会慢慢聚居在河流边上，种田耕地，享受着尼罗河带来的福利。

然而，幸运的背后也有烦恼。因为尼罗河上游每年7月份开始总是下暴雨，丰富的降水，使得尼罗河水量增加，水位大涨。随之带来的就是洪水泛滥，河流两岸的土地就被淹没了，田地之间的界线也消失了，也无从判断谁家的田地在何处。所以洪水退去后，当地百姓会重新划分田地界线，田地的丈量与计算就成了必经之路。时间长了，大家慢慢有了面积观念。同时，由于要丈量土地，必须掌握土地面积的计算方法，古埃及人在劳动实践中逐渐摸索出用地砖铺成长方形和正方形的土地面积计算方法。

读完上面这段文字，相信你不仅惊讶于劳动人民的智慧和面对自然灾害的勇气，同时对于面积知识也有了自己的理解与收获。让我们赶紧记录下来吧！

1. 你眼中的"面积"是怎样的呢？写一写，画一画。

2. 尝试算"面积"：挑战铺地砖。

上面文字材料中谈到，要重新丈量土地计算面积。当地人在实践中选择了一种铺地砖的方式。赶紧挑战一下吧！

挑战1：一块地面如果有2砖长、3砖宽，需要铺（　　）块砖。（画一画）

挑战2：另一块地面有4砖长、5砖宽，又需要铺（　　）块砖。（算一算）

通过今天的阅读与探究，你有什么发现与收获呢？赶紧记录下来吧！

探究记录：

> 1. 你眼中的"面积"是怎样的呢？写一写，画一画。
>
> 答：我认为"面积"就是平面图形的大小。
>
> 2. 尝试算"面积"：挑战铺地砖。
>
> 上面文字材料中谈到，要重新丈量土地计算面积。当地人在实践中选择了一种铺地砖的方式。赶紧挑战一下！
>
> 挑战1：一块地面如果有2砖长、3砖宽，需要铺（6）块砖。（画一画）
>
> 挑战2：另一块地面有4砖长、5砖宽，又需要铺（20）块砖。（算一算）
>
> 4×5=20块
>
> 通过今天的阅读与探究，你有什么发现与收获呢？赶紧记录下来。
>
> 答：我知道了面积有一种是N块砖的长×N块砖的宽。

电子科技大学附属实验小学　刘芷涵

教师评价：

畅游在文字的海洋里，从文化历史中去了解面积的起源，体验劳动人民计算面积的方法，相信你们对于面积的学习会更有深度，更有想法！

本案例入选理由：

通过阅读文字材料，学生加深对面积的内涵以及面积计算的本质理解，为后续学习面积单元知识作铺垫。

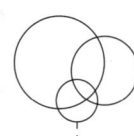

案例六 乘法环游记

探究时机：
学习北师大版数学三年级下册"两位数乘两位数"后。

探究目标：
1. 探究多种算法，了解各种算法每一步的含义。
2. 通过对各种算法的对比分析，加深对乘法算理的理解。

探究内容：
亲爱的同学们，在数学的发展史上，笔算乘法也走过了不平凡的道路。不同国家的人们是如何计算两位数乘两位数的呢？今天我们将坐上哆啦A梦的时光机，开启乘法环游记。请你准备好"火眼金睛"，我们一起出发吧！

本次环游须知：

参观点：看一看，想一想。

观赏环节：写一写各种算法每一步的含义。

游览评价：请你先给出星级评价，然后写一写各种算法的优缺点。

目的地	参观点	观赏环节	星级评价
第一站 中国台湾	"视窗"计算乘法 　　　２４ 　×　２３ 　―――― 　　　１２ 　　　６０ 　　　８０ 　＋４００ 　―――― 　　５５２ （视窗框住12 60 80 400）	视窗中的第一点是怎样的计算得来的呢？ 我是这样想的： 12——（　）×（　） 60——（　）×（　） 80——（　）×（　） 400——（　）×（　）	
第二站 印度	"印度"计算乘法 　　　２４ 　×　２３ 　―――― 　　　４ 　　　８ 　　　６ 　＋　１２ 　―――― 　　５５２	对比台湾的算法，印度的算式又有些不一样呢，我觉得： 4表示： 8表示： 6表示： 12表示： 552=（　）+（　）+（　）+（　）	

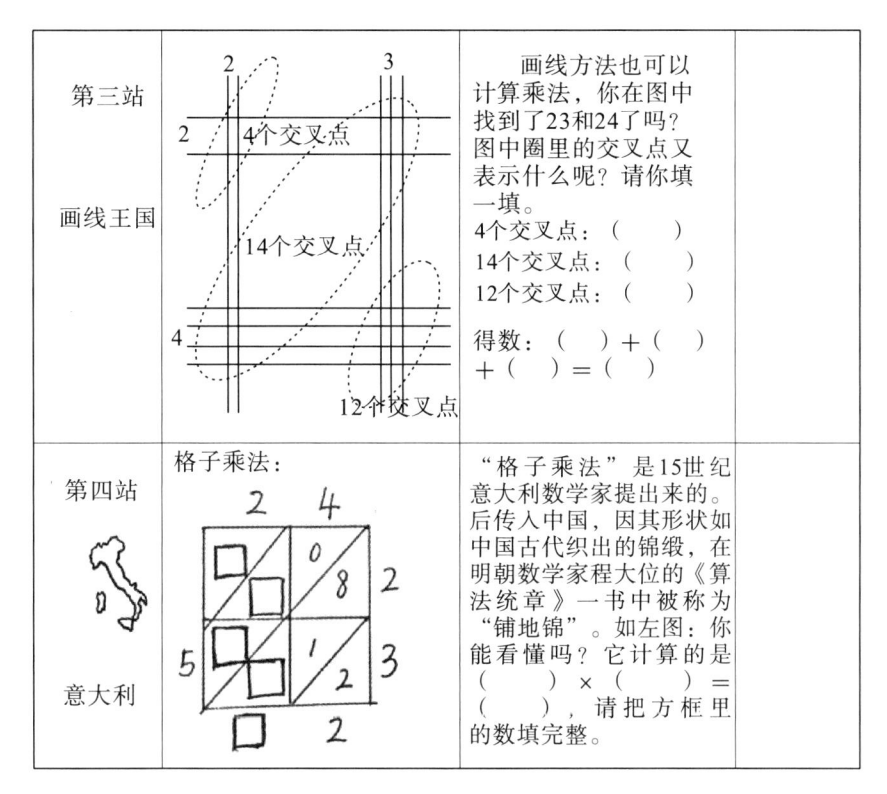

第三站 画线王国	（画线图：2、3 纵线与 2、4 横线相交，有 4 个交叉点、14 个交叉点、12 个交叉点）	画线方法也可以计算乘法，你在图中找到了23和24了吗？图中圈里的交叉点又表示什么呢？请你填一填。 4个交叉点：（ ） 14个交叉点：（ ） 12个交叉点：（ ） 得数：（ ）+（ ）+（ ）=（ ）	
第四站 意大利	格子乘法： （格子乘法图：上方2、4，右侧2、3，格内0、8、1、2，左下5，下方2）	"格子乘法"是15世纪意大利数学家提出来的。后传入中国，因其形状如中国古代织出的锦缎，在明朝数学家程大位的《算法统章》一书中被称为"铺地锦"。如左图：你能看懂吗？它计算的是（ ）×（ ）=（ ），请把方框里的数填完整。	

探究感想：

快乐的时光总是悄然而逝，在乘法环游的过程中，你找到了这些算法背后的共同的秘密了吗？赶紧把它记录下来吧！或者写出你本次的收获。

我的发现：

我的收获：

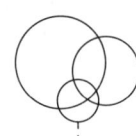

探究记录：

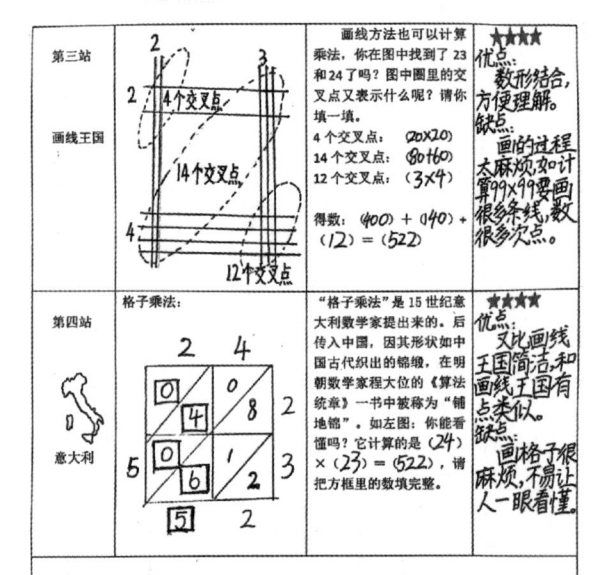

目的地	参观点	观赏环节	星级评价

第一站 
中国台湾
	"视窗"计算乘法
	  2 4
	× 2 3
	─────
	  1 2
	  6 0
	  8 0
	4 0 0
	─────
	  5 5 2
	（视窗）
		视窗中的每一步是怎样的计算得出来的呢？我是这样想的：
		12——(3)×(4)
		60——(20)×(3)
		80——(20)×(4)
		400——(20)×(20)
			★★★
			优点：
			方法可以，可以让人一眼看明白。
			缺点：
			这样计算太麻烦。

第二站 
印度
	"印度"计算乘法
	  2 4
	× 2 3
	─────
	    4
	    8
	    6
	+ 1 2
	─────
	  5 5 2
		对比台湾的算法，印度的算式又有哪些不一样呢？
		4 表示：20×20=400(4个百)
		8 表示：20×4=80(8个十)
		6 表示：20×3=60(6个十)
		12 表示：3×4=12(12个一)
		552=(400)+(80)+(60)+(12)
		答：印度是以高位算起。
			★★★
			优点：
			比台湾简洁，也可以让人看明白。
			缺点：
			过程麻烦，如果99×999⋯⋯

第三站 画线王国	（画线图） 4个交叉点 14个交叉点 12个交叉点	画线方法也可以计算乘法，你在图中找到了23和24了吗？图中圈里的交叉点又表示什么呢？请你填一填。 4个交叉点：(20×20) 14个交叉点：(80+60) 12个交叉点：(3×4) 得数：(400)+(140)+(12)=(552)	★★★★ 优点： 数形结合，方便理解。 缺点： 画的过程太麻烦，如计算99×99要画很多条线，数很多次点。
第四站 意大利	"格子乘法" 2 4 ┌──┬──┐ │0/│0/│ │/4│/8│2 ├──┼──┤ │0/│1/│ │/6│/2│3 └──┴──┘ 5 5 2	"格子乘法"是15世纪意大利数学家提出来的。后传入中国，因其形状如中国古代织出的锦缎，在明朝数学家程大位的《算法统宗》一书中被称为"铺地锦"。如左图：你能看懂吗？它计算的是(24)×(23)=(552)，请把方框里的数填完整。	★★★★ 优点： 又比画线王国简洁，和画线王国有点类似。 缺点： 画格子很麻烦，不易让人一眼看懂。

探究感想：
快乐的时光总是悄然而逝，在乘法环游的过程中，你找到了这些算法背后的共同的秘密了吗？赶紧把它记录下来吧！或者写出你本次的收获。

我的发现： 我发现中国台湾、印度、画线王国和意大利画的时候都很麻烦，但都有各自有趣的想法。

我的收获： 我知道了其他地方用的乘法的算法，不过，我认为这样更好。

　　　　　　 2 4
　　　　　×2 3
　　　　──────
　　　　　 7 2
可以不要─+4 8 0─可以不要
　　　　──────
　　　　　5 5 2

电子科技大学附属实验小学　王梓瑞

> **教师评价：**
>
> 同学们，恭喜你们不仅了解了两位数乘两位数的多种算法，而且对乘法的算理也有了更深的理解。期待在今后的数学课堂里听到你们更精彩的分享！

本案例入选理由：

1. 通过各种算法的呈现，将课内外知识相结合，促进学生对"两位数乘两位数"算理的本质理解，即相同计数单位的累加，从而沟通了知识间的联系。

2. 在对比研究中，辩证地分析了每种方法的优势与不足，从而发展了学生的批判性思维。

探究七　探秘日历

探究时机：

学习北师大版数学三年级下册"年、月、日"前。

探究目标：

1. 为"年、月、日"相关知识作铺垫。

2. 在探究中提升思维能力、合作能力。

3. 感受中国传统文化。

探究内容：

亲爱的同学们，"盛年不重来，一日难再晨"。我们马上要进入"年、月、日"单元，时间里藏着多少秘密，你想去探索吗？日历是我们认识时间的重要工具，请小组分工，选择喜欢的"主题"，制作一份属于自己的文化日历。在探究中你还有什么收获和感悟也可记录下来，期待你们的作品。

活动内容	主题选项	活动提示
手绘日历 （个性创作）	"生肖"主题	1. 了解关于生肖的故事 2. 制作2022年"虎"年日历 3. 小组合作完成
	"二十四节气"主题	1. 结合二年级语文《二十四节气歌》一课，了解节气文化风俗 2. 制作2022年日历，加深理解 3. 小组合作完成

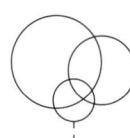

续表

活动内容	主题选项	活动提示
手绘日历（个性创作）	"12月花名"主题	1. 结合二年级语文《12月花名歌》一课，了解每月花的名字和形态 2. 制作2022年日历，配上每月代表花 3. 小组合作完成
	"国学经典"主题	1. 回家收集跟"月份"关联的诗句 2. 制作2022年日历，配上每月诗句 3. 小组合作完成
	"节日活动"主题	1. 了解每月的代表节日，如国庆节 2. 制作2022年日历，配上每月代表节日 3. 小组合作完成

学生探究收获：

我们小组选择的是（　　　　　　）主题。

我们的收获：

探究记录：

电子科技大学附属实验小学　刘子涵、陈若曦

教师评价：
　　同学们，日历中的秘密被你们挖掘得一清二楚，中国传统文化被你们用如此精美的绘图展现出来，老师太佩服你们团队合作的能力啦！

本案例入选理由：

1. 数学既源于生活又高于生活，充分利用生活资源和素材能调动学生学习的探究欲，在动态中引导学生实现文化和作业的互融。

2. 以此作业为契机，融合多元文化，拉长学生"年、月、日"学习的历程，让学生爱上作业，从而培育其核心素养。学生在收获基本知识的同时，还增长了文化底蕴，两全其美。

案例八　从结绳计数说起

探究时机：

学习北师大版数学四年级上册"从结绳计数说起"后。

探究目标：

1. 根据古今中外数字的产生和发展历史，探究罗马数字的写法。
2. 自己设计一套数字，用到"位值制"的思想，并与同伴交流。
3. 了解计数方法的演变，了解古今中外计数方法中位值思想的形成与发展过程。

探究内容：

1. 探究古今中外数的产生和发展，了解玛雅数字。

玛雅数字

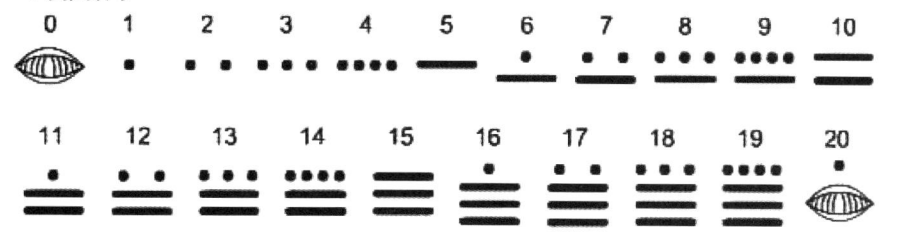

2. 尝试写出罗马数字的七、八、九和十二、十三。

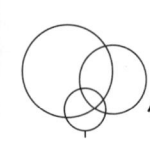

小学数学深度学习项目式探究作业与实践

罗马数字也是很古老的数字，跟今天我们使用的阿拉伯数字大不相同。不过，你要是写了 XXXII，还是会有很多人知道这是三十二，因为，一直到现在，我们还使用着罗马数字呢。

罗马人用加法来写数目，例如：Ⅱ是一加一，也就是二；Ⅵ是五加一，也就是六。你认为罗马人会怎么写七、八、九呢？

Ⅱ是二　　Ⅵ是六

X是十，所以XI是十加一，也就是十一。想想看，该怎么写十二、十三呢？

XI是十一

1	I	11	XI	50	L
2	II	12	XII	100	C
3	III	13	XIII	500	D
4	IV	14	XIV	1000	M
5	V	15	XV		
6	VI	16	XVI		
7	VII	17	XVII		
8	VIII	18	XVIII		
9	IX	19	XIX		
10	X	20	XX		

3. 拓展探究：自己设计一组数字，要用到"位值制"的思想，和同伴交流。

探究记录：

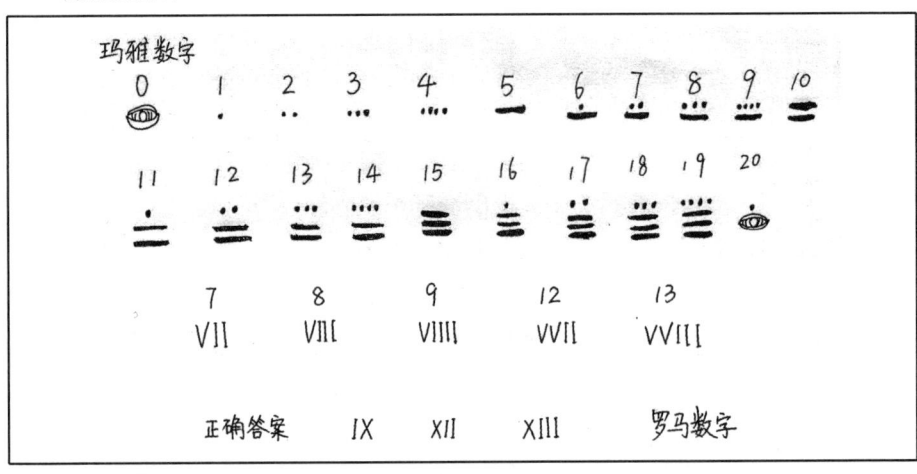

玛雅数字

| | 0 | 1 | 2 | 3 | 4 | 5 | 6 | 7 | 8 | 9 | 10 |
| 11 | 12 | 13 | 14 | 15 | 16 | 17 | 18 | 19 | 20 |

| | 7 | 8 | 9 | 12 | 13 | |
| | VII | VIII | VIIII | VVII | VVIII | |

| 正确答案 | IX | XII | XIII | | 罗马数字 |

138

成都高新区尚阳小学　任熙雯

教师评价：
本次的探究作业主要以文字和图画的形式介绍了自然数的产生和发展历史，同学们通过阅读、模仿、观察、交流的方法感受历史，总结概括知识。

本案例入选理由：

1. 通过自主探索和交流，学生进一步了解了自然数的历史，认识了自然数，并了解了自然数的特征。

2. 学生通过自己创造数字，培养了创新能力和思维能力。

3. 通过了解计数方法的演变过程，学生对"万物皆符号"有了新的理解，能进一步体会位值思想。

案例九　探索黄金分割比

探究时机：
学习北师大版数学六年级上册"比的认识"后。

探究目标：

1. 了解历史上人类对黄金分割比的研究历程。

2. 探究黄金分割比在实际生活中的广泛运用。

3. 了解黄金分割比的出现解决了数学难题（如十等分、五等分圆周），使优选法成为可能。

探究内容：

1. 上网检索黄金分割比的来源、名称、用途等，互相交流各自的感受。

2. 研究雅典古城的巴台农神庙，了解它是如何利用黄金分割比的。

3. 将收集到的资料和自己的感受记录下来，以小报形式呈现。

探究记录：

成都高新区尚阳小学　李佳琦

教师评价：
　　同学们，在你们的作品中，老师看到了黄金分割比的历史起源和算法过程，也看到了在生活中黄金分割比的神奇应用。你们通过实践探索，发现了身边的数学，还能追本溯源，老师为你们的精神点赞。

本案例入选理由：

1. 本案例通过让学生了解黄金分割比的历史，从而体会人类对数学知识

不断探索的过程。

2. 学生通过了解黄金分割比的应用，感受到数学在建筑和美学中的应用，同时还找到在人体和生活中跟黄金分割比息息相关的神奇现象，进一步体会了数学与日常生活的紧密联系。

案例十　探索圆周率历史

探究时机：
学习北师大版数学六年级上册"圆周率的历史"后。

探究目标：
1. 了解人类对圆周率的研究历程，领略计算圆周率的有关方法。
2. 体会人类对圆周率不断探索的过程及方法的演变。
3. 结合刘徽、祖冲之等数学家研究圆周率取得的成就，培养学生的民族自豪感。

探究内容：
1. 阅读数学书上有关圆周率的发展历史，交流各自的感受。
2. 上网收集有关人类研究圆和圆周率的资料，并按时间顺序进行整理。
3. 将收集到的资料和自己的感受整理并记录下来，并做成小报。

探究记录：

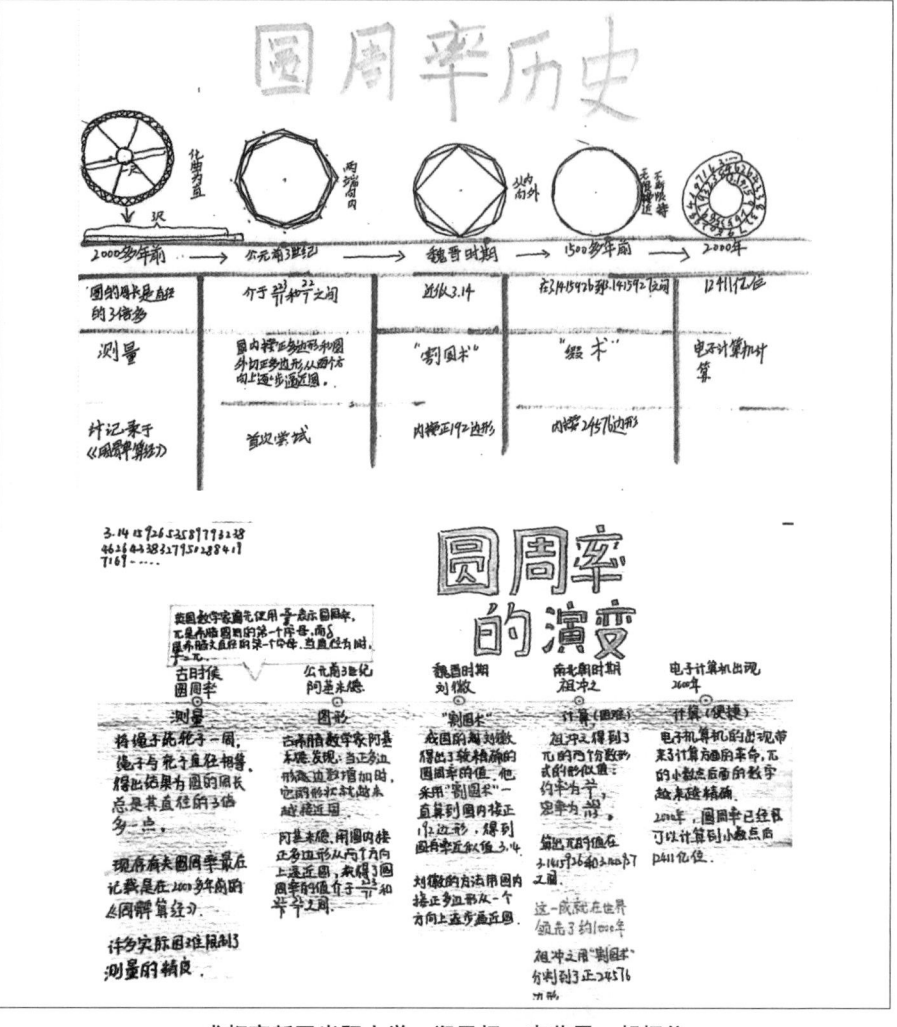

成都高新区尚阳小学　郑思扬、李芊墨、胡枫依

教师评价：

同学们，你们的绘图画得非常详细，能够呈现出圆周率不断精确的过程。学习就是在不断探索的过程中，越来越深入。希望你们能将这样的探索精神运用到自己的学习生活中。

本案例入选理由：

1. 通过了解圆周率的历史进程，学生能体会到人类对数学知识不断探索的过程。

2. 通过了解祖冲之和刘徽在精确圆周率进程上作出的杰出贡献，激发学

生的民族自豪感。

3. 通过对阿基米德和刘徽关于计算圆周率的方法的比较，感知极限思想，为学生后续学习圆的面积作铺垫。

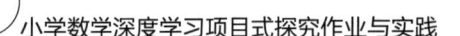

第九章　学科融合类

第一节　学科融合的内涵概述

　　融合，是将几种不同的事物合为一体，使其相互作用，存在内在联系，保持一致性、多维性和协作性。当下，知识不断更新，科技日新月异，单一的学习内容已无法满足学生的发展需求。学科融合，作为新时期的必然产物，不断打破学科边界，促进学科间交互和共融，将成为学习者多元认知和创新学习的突破口。聚资源、增效能，学科融合既是学科发展的趋势，也是产生创新性成果的重要途径。

　　学科融合类作业，尝试从新角度、新思路出发寻找学科契合点，重整资源，调动学生多重认知，让学生在探究中拓宽视野，形成多元思维，培养学生的应用意识和综合素养。

第二节　学科融合的方式与价值

一、借力引导，寻求学科本质

　　于学生而言，融合的意义在于知识的融会贯通，它既不是简单切入，也非形式所需，而是要切实发挥各种学科资源的效能与作用，激发学生学习的兴趣与探索欲，让学生更好地触摸知识外延，自然无痕地深入知识本质。于教师而言，融合的意义在于全局视野，学科融合是拓宽教师视野，丰富认知

和提升个人能力的有效途径。优化知识结构，注重学科知识间的巧妙结合，从而产生新的思维路径，更加符合当今社会对复合型人才的要求。

例如在数学北师大版五年级下册"展开与折叠"一课的学习中，在学生探索了正方体的11种展开图后，教师为其提供动手实践的机会，引导学生尝试通过正方体和长方体展开图知识完成一份包装，并做适当装饰。借助展开图与包装之间的关联，寻求科学包装的最优方法，并使包装美观、得体、有新意，将知识运用于实际生活中，发展学生的空间观念，提升学生的审美能力。

二、着力关键，探索学科整合

学科融合有利于促进学生的全面发展，发展其创造性思维，提升综合素养，也有益于学生打通知识壁垒，形成知识体系，加深对知识点的理解。数学家们能从数学中得到与绘画、音乐给予人们一样的乐趣，他们欣赏数与形的精美和谐，感叹某些发现的神妙，用数学语言演绎宇宙及自然的定律。学科融合能将科学的美和自然的美融合于数学学科中，让学生在学习数学时感受规律，理解本质。自然界原本就是简洁的，数学与之有着密切的关系。例如大雁迁徙时会排成人字形，一边与其飞行方向的夹角是 $54°44'8''$。根据气流力学，这个角度能充分利用气流，减小空气阻力，最利于雁队飞行。再如蜜蜂蜂房是六边形，在同等体积下，这样的构造最省材料。自然科学与数学的有机结合，神奇而伟大。无痕的学科融合，既丰富了学科知识，也激发了学生的求知欲。

三、深入探究，实现全育树人

学科融合，于教材编写中。在小学数学四大板块的学习中，均能找到学科融合的影子，甚至随处可见融合之式。分数乘分数的教学中，引用了我国古代经典著作《庄子·天下》中的"一尺之锤，日取其半，万世不竭"。教师有意识地将古文与数学联系，让学生感受我国古代文化的科学之处，学生在惊叹古人智慧的同时，领略传统文化的魅力。在对称图形的学习中，教材对对称的概念略有拓展。在欣赏与设计时，教师可以引导学生将对称艺术运用于生活中，用数学的眼光去发现和欣赏建筑、动植物、化合物中的对称。学生在理解对称本质的同时，感受生活中的对称美，从而发现美、创造美，让生活更美好。

学科融合，于教育细节中。统计与概率的教学，往往与生活紧密联系，例如对于中国人口的统计，如果只是对数据的统计，便只停留在数字的记录上，若能关注人口数字的增长规律，建立人口增长的数学模型，发现更深层次的数据与人文的关系，这将服务于生活，实现科学精准的分析。数学与社会学的有机融合，体现了数学的实用性和必要性。又比如，"滴水实验"让学生通过数学观察、记录和反思，明方法、知节约，养成节约的好习惯。一份实验报告，一篇实验心得，一次节水倡议，一节惜水班课……不仅包含学科融合，更富含育人价值。

学科融合，于教师专业成长中。学科融合要求教师变单一讲授为多元互动，变传统教学为融合创新，在改变中突破，在突破中寻找更好的生长点。教师，作为学科融合的先行引导者，首先需要打破常规，敢于实践、打开视野和拓宽知识面，积极探索教材知识点中的融合素材，努力寻找各学科间的内在联系，重视对学生学科融合视角、方式的引导和能力的培养。教师在备课中抓住融合点，在教学中落实融合处，在师生交流中探议融合意，让学生感受学科融合的意义与价值，以此丰富学生的认知，拓宽视野，有效地促进学生知识的迁移与转化，在解决实际问题的过程中学会深入研究、深度思考。

数学教育具有鲜明的社会性、文化性和历史性，从整体、关联、系统的角度来看小学数学教学，需要有"跨学科""超学科"的思维，有一种"全课程""育全人"的视野，只有这样，才能使数学更丰富、更有趣、更饱满。学科融合，神秘而奇妙，充满希望和魅力，值得我们继续探索与研究。

案例一　长方体的表面积

探究时机：
学习北师大版数学五年级下册"长方体的认识""展开与折叠"后。
探究目标：
1. 通过画出长方体的展开图，理解长方体和正方体的表面积的含义。掌握长方体和正方体表面积的计算方法。
2. 鼓励学生运用所学知识对长方体或正方体物体进行包装，精心设计、大胆操作，充分考虑其实用性与美观性，激发学生的创作兴趣，发展学生的空间观念，提升审美能力。
3. 通过学习"纸的产生过程"，开展"纸的消耗情况小调查"与"惜纸

建议"活动，培养学生的节俭意识，养成节约的好习惯。

探究内容：

1. 探索意义，探究本质

（1）什么是长方体和正方体的表面积？请用你的理解写一写或画一画，也可举例说明。

（2）用你喜欢的方式算一算下图中长方体的表面积。尝试用两种不同的方法计算。

2. 寻找异同，转化联系

举例说明怎样计算正方体的表面积，画一画，算一算，结合长方体表面积的计算说一说正方体表面积的计算方法，你有什么发现？把你的发现记录下来。

3. 灵活应用，巧手巧思

快用你学过的知识来制作一个包装盒吧！先选定一个需要包装的盒子，想一想怎样包装既节约又美观？

4. 学科融合，拓宽视野

精美的包装蕴含着数学和美学，给我们的生活带来了美感，但也给我们的环境造成了压力。纸，起源于中国，中国是世界上最早发明纸的国家。你知道纸是怎样制造出来的吗？查阅资料进行了解。

5. 小调查，大学问

同学们，你们知道吗？据统计，我国每天消耗 1.4 万～3.2 万吨纸，一年需要消耗 511 万～1168 万吨纸。每吨纸的价格在 2000～2500 元不等。你一天大约要使用和废弃多少纸？你的家庭、你的班级、你的学校、你所在的城市一天大约要使用和废弃多少纸呢？你可以与同伴合作进行一次"纸的消耗情况"小调查。整理一份属于你的"惜纸建议"。

探究记录：

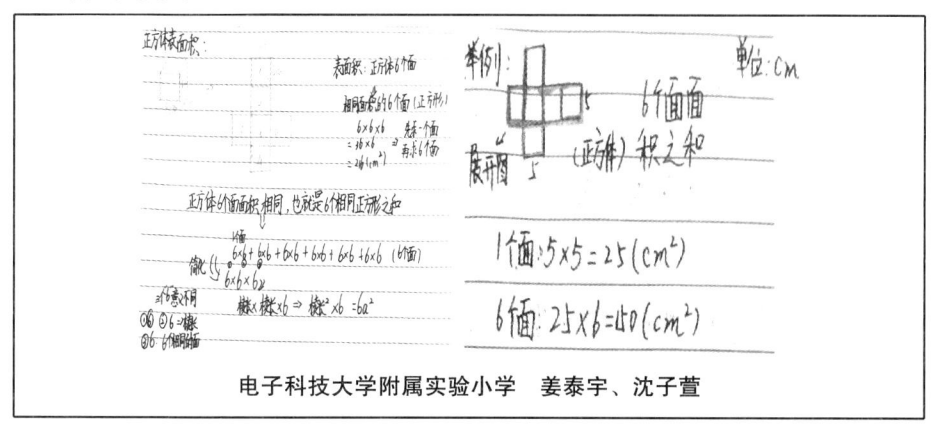

电子科技大学附属实验小学　姜泰宇、沈子萱

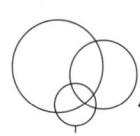

电子科技大学附属实验小学　张峻豪

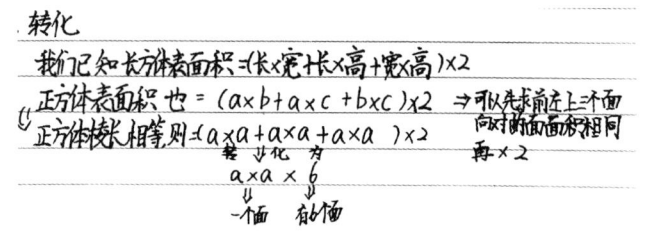

电子科技大学附属实验小学　姜泰宇

电子科技大学附属实验小学　姜舒菡、方婉晴、彭雨璇

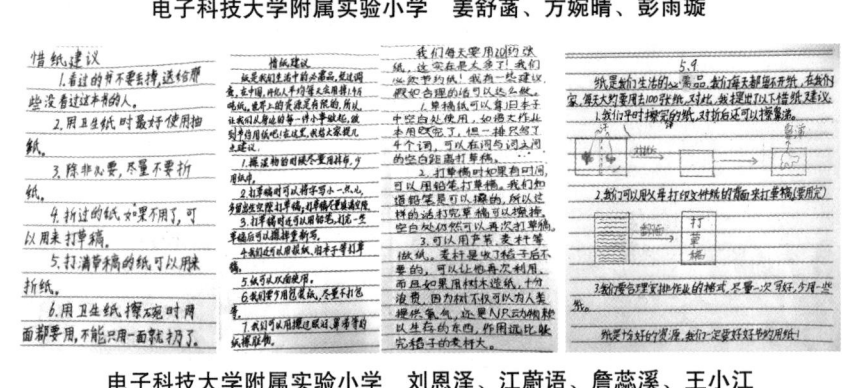

电子科技大学附属实验小学　刘恩泽、江蔚语、詹蕊溪、王小江

> **教师评价：**
> 同学们通过动手操作，归纳总结出长方体和正方体表面积的计算方法，在这个过程中，将长方体和正方体的特征、面与面的关系、面积的累加等知识相互联系，注重体验与总结，丰富了认知，发展了空间观念。学科融合，挖掘知识本质；回归生活，体现应用价值；深入探究，促进素养提升。

本案例入选理由：

1. 借助已有的知识经验，在解决实际问题的过程中，学生探究了长方体和正方体表面积的计算方法，丰富了对现实空间的认识，空间观念在动手操作、联系实物和想象再造中得以发展。

2. 本案例深入挖掘了知识本质，联系生活，巧妙地进行学科融合，培养了学生的审美能力。小调查和"惜纸建议"的引入，引导学生节约用纸，育人育心。

案例二　"会说话"的绘本

探究时机：

学习北师大版数学三年级上册"长方形周长"后。

探究目标：

1. 运用长方形周长的计算方法解决实际生活中的简单问题，发展学生的应用意识和创新意识。

2. 通过画出数学学习中对长方形周长理解的绘本，发展学生的美术表现、创新能力等素养。

3. 运用长方形的周长知识创作故事，发展学生的语言表达能力和思维能力。

探究内容：

绘本是图画和文字的美好融合，我们通过故事情节的展开，赋予了图画语言的功能，而数学绘本更是将数学知识融入其中，让数学学习变得更加生动、有趣。同学们，在学习了长方形的周长后，你们能根据本课长方形的周长相关知识创作一个贴近生活的数学绘本故事吗？

绘本制作提示：

（1）请从"长方形周长"一课中选择一个数学情境作为故事素材进行绘

制。(可选择让你印象深刻的应用题，也可以自行编一个贴近生活的数学故事)

(2) 一幅成功的数学绘本，需要做到想象大胆、逻辑清晰、情节生动有趣，大家在绘制时别忘了突出本单元主题哦！

探究记录：

成都市龙成小学　华婧彤

教师评价：
　　同学们，在这次活动中，你们能将在数学课上学到的相关知识利用绘本迁移到现实生活中，真正实现了学科间知识的融合，真为你们感到自豪！

本案例入选理由：

1. 学生根据活动提示独立自主进行数学创作，将数学、语文和美术的知识进行了有机融合，将学到的知识、技能、方法和思想融入生动形象的绘本故事中。

2. 发展学生用数学的眼光观察现实世界，用数学的语言表达现实世界的能力，促进学生对数学学科的理解和跨学科知识的获得，培养学生的创新意识、实践能力、语言运用、美术表现等综合品质，落实数学学科育人的价值。

案例三　今日我当家

探究时机：
学习北师大版四年级下册"小数的加减法""小数乘法""数据的表示与分析"后。

探究目标：
1. 对数据进行收集、整理和分析，预测当家当日需要资金，发展学生数据意识。
2. 通过制订计划，提高学生时间规划和管理的能力。

探究内容：
同学们，本次活动大家以小当家的身份劳动一天，让我们一起动手吧！

活动前期需要大家调查家庭一周的每日家务和开支，形成记录，根据记录预测当家那日需要的资金，同时制订当家的相应计划。在活动日，需要大家劳动实践一天。劳动结束后，记录当家一天的过程，形成实践作品。比一比，看看谁是当家小能手！

一、调查生活数据

1. 记录数据

调查家庭一周的每日开支，收集数据，预测资金，用自己喜欢的方式记录数据，可以参考下面的家庭开支调查表进行数据收集和汇总。

日期	项目							
	衣	食	住	行	娱乐消费	其他	合计
周一							
周二							
周三							
周四							
周五							
周六							
周日							
当家的当日计划							

家庭开支调查表

2. 整理分析数据

根据记录的数据，通过绘制统计图等多种方式，对数据进行整理、分析，确定当家那一天大约需要多少钱。

3. 制订计划

根据数据和自己的思考，制订当家计划表（包括菜市场买菜、超市购买相关生活用品、做饭菜、打扫整理房间等）。

二、当家实践

根据计划当家实践一天。

三、实践作品制作

制作"今日我当家"作品。

活动作品格式：

（1）图表类：根据数据整理的相关图表、活动过程的手抄报（照片粘贴上去）。

（2）文字类（记录活动的精彩与收获，让数学留墨生香）：

当家日记：可以是一个故事片段，也可以是运用到的数学方法的分享等。

当家心得：反思当家过程，记录生活感悟。

（3）视频类（记录数学的美好记忆）：Vlog 视频。

四、评一评

内容	水平 1	水平 2	水平 3
家庭开支调查表	我没有完成（ ）	我完成了（ ）	完成并整洁漂亮（ ）
实施计划	我没有完成计划（ ）	我完成了计划（ ）	我超额完成计划（ ）
成果展示	我没有完成成果展示作品（ ）	我完成了成果展示作品（ ）	我的展示作品整洁漂亮（ ）

探究记录：

成都市龙成小学　张蓝心、张名刘、杨盛尧

教师评价：

同学们，在这次活动中，相信你们也有了很多收获和感悟，同时获得了新的成长。通过这次活动，老师看到了你们为家人分担家务、自理自立的一面，真为你们感到自豪！

本案例入选理由：

本案例通过让学生经历统计的过程，培养学生的数据意识，通过购物等

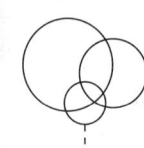

实践活动，培养学生的运算能力和应用意识。在德育上，倡导节约的美德，教育学生有感恩之心，帮助父母做力所能及的事情；在劳动教育上，让学生增加生活中的购物经验，提高自理能力，同时也让学生掌握了一定的烹饪技能，锻炼了整理与收纳能力。本案例通过全方位的学科融合，落实新课标学科融合的精神和"五育并举、全面育人"的理念，让学生在"做"中学，成为优秀的社会主义的接班人。

案例四 "周长"小仓库

探究时机：

学习北师大版数学三年级上册"练习四"后。

探究目标：

1. 通过回顾及整理知识，加深对周长单元知识、技能、方法和思想的理解，形成结构化的思维。

2. 通过科学构图和创作，发展美术构图能力和美术表现能力。

3. 通过将美术和数学进行有机融合，达到全方面育人的目标。

探究内容：

思维导图不仅可以锻炼理解能力和记忆能力，还能提升学习效率和思维能力，快调动我们的想象力和创造力，开始激发大脑潜能之旅吧！请画出本单元的思维导图。

一、选择样式

同学们，思维导图有丰富的样式，你可以参考下面的样式，也可以创造自己喜欢的样式。

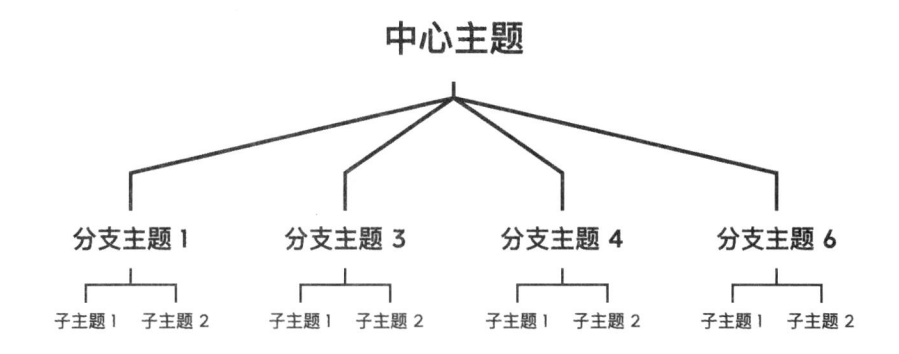

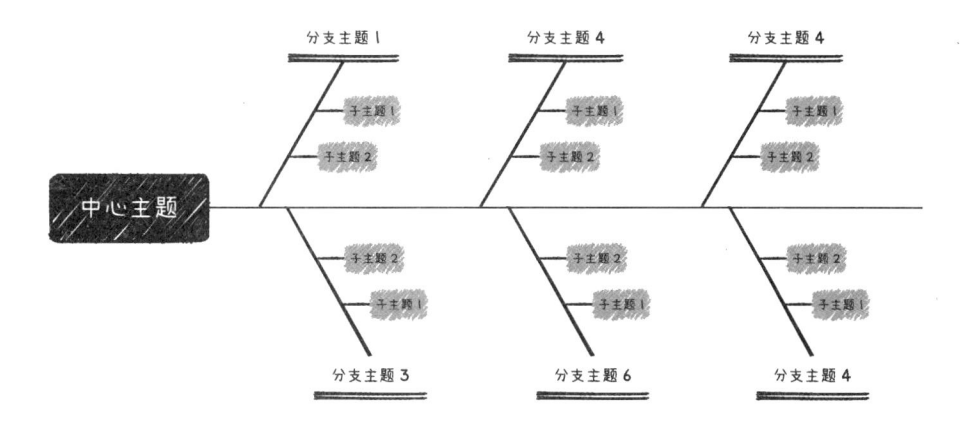

```
                        中心主题
           ┌──────────┬─┴──┬──────────┐
        分支主题1    分支主题3   分支主题4    分支主题6
        ┌──┴──┐    ┌──┴──┐   ┌──┴──┐    ┌──┴──┐
       子主题1 子主题2 子主题1 子主题2 子主题1 子主题2 子主题1 子主题2
```

二、做好绘制准备

空白的画纸、4色彩笔和签字笔、直尺等作图工具。

三、绘制流程

1. 从绘制中心主题开始

先绘制整个思维导图的中心主题——周长，我们可以画出能够代表我们心目中"周长"的图案，并放到显眼的位置。

2. 使用联想拓展分支主题

从中心主题"周长"延伸，向某个方向或四周发散出去，画出分支主题。

绘制建议：

（1）尽量每个分支主题选择不同的颜色区分。

（2）分支注意不宜过多，控制在6个以内。

（3）可以给分支主题配上合适的插图。

（4）分支主题可以通过整理本单元的每课名称，也可以整理本单元涉及的知识与技能，进行分类后确定，还可以是方法的分类形式。

3. 在整理中，丰富子主题

从每一个分支主题继续延伸，绘制每一个分支主题的子主题。绘制子主题时，注意根据实际情况在子主题下继续分支，特别要注重对关键知识、技能、方法等进行罗列，尽量不要是单纯大段大段的文字摘抄。

4. 调整并完善思维导图

调整并完善思维导图中的符号、代码、线条、关键词、颜色、图案等元素，同时找出知识间相互的联系，做出标记。最后给它配上美丽的图案，尽量将我们的知识与图像链接到一起，然后进行记忆。

探究记录：

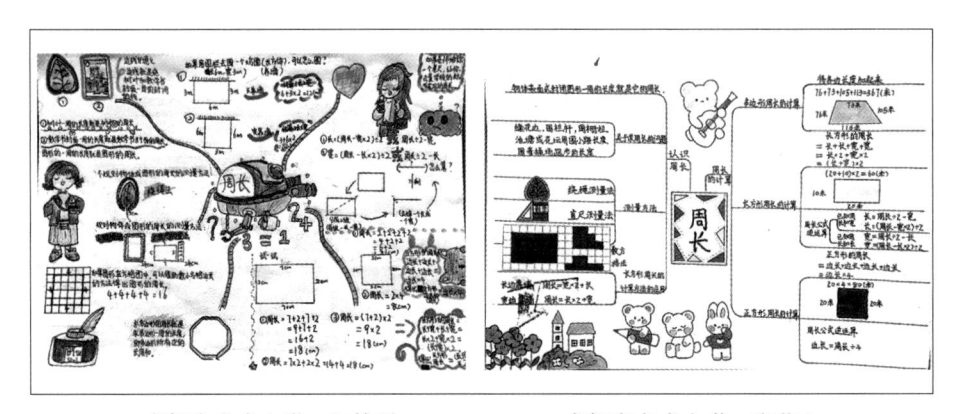

　　　成都市龙成小学　江怡乐　　　　　　　成都市龙成小学　张蓝心

教师评价：

祝贺大家完成了"周长"单元的思维导图。闭上双眼，我们能否快速地回忆起每个分支上面的具体内容呢？相信答案是肯定的。坚持画思维导图是学习的好习惯，你一定能够成为更加优秀的自己。

本案例入选理由：

通过让学生制作思维导图，建立起本单元的知识脉络体系，既可以培养学生整理知识和复习的良好习惯，还能让学生在画图中进行想象与创作，将理性思维与感性思维合理融合，促进学生的全面发展。同时学生在回顾与梳理知识中，加深了对本单元知识、技能、方法和思想的理解，锻炼了将知识、技能、方法和思想结构化的能力，有助于学生对相关内容形成长时记忆。学生制作思维导图后，能及时准确地联想、类比过去掌握的相关知识和方法，帮助学生用整体、联系、发展的眼光看问题，形成科学的思维习惯。

案例五　蜜蜂蜂房的几何奥秘

探究时机：
学习北师大版数学四年级下册"密铺"后。

探究目标：
1. 通过平面图形密铺的活动，复习学过的图形知识，在观察、尝试、归纳、推理中，探索平面图形可以密铺的数学原理。
2. 能进行简单的密铺设计，以密铺图形的方式表达自己的创意，从而积累数学活动经验，培养空间观念，提高解决问题和创新的能力。
3. 结合密铺活动，感受数学在生活中的广泛运用，发展学生对数学学习的兴趣。

探究内容：
自然界事物表现出的数学特征，正是数学学科多样性的体现，即理解数学可以更好地理解自然界的奥秘，数学与艺术之间也可以建立有机的联系。接下来让我们一起来探索密铺的奥秘。

1. 观察蜜蜂蜂房的结构。讨论：为什么蜜蜂被称为"几何高手"？
2. 猜测能够密铺的正多边形，记录自己的猜测。然后动手操作，验证猜测，并做好记录。

正多边形	正三角形	正方形	正五边形	正六边形
是否为密铺图形 （是用√表示，不是用×表示）				

3. 探究当周长相等时，哪种正多边形面积大，并讨论周长相等面积不等的原因。
4. 欣赏荷兰画家埃舍尔的作品，让学生归纳特点。了解密铺图案制作的原理，并进行创作，再组织学生讨论、创作并进行反馈。

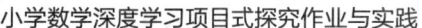

探究记录：

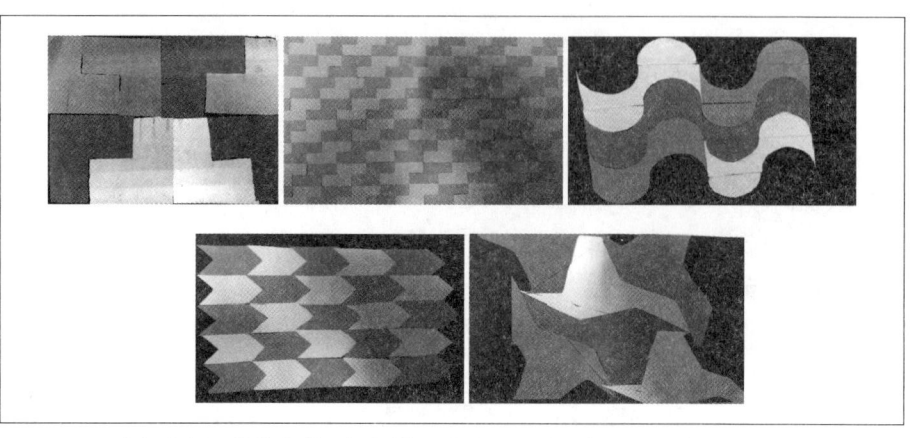

成都高新区芳草小学　姚语婧、陈宗立、黄小黄、阮语浩、吴雯洁

> **教师评价：**
> 1. 本案例以探索蜂房结构的奥秘为线索，通过任务驱动，让学生以"问题解决"的方式进行学习。这一过程，将一系列图形与几何的知识串联起来，有助于学生形成结构化的知识体系，提升学生问题解决的能力。
> 2. 本案例的教学注重动手操作，不仅有数学学科的动手操作，还有美术领域的创作，让学习变得好玩、有趣，契合北师大版数学教材倡导的"数学好玩"理念，契合"双减"精神。

本案例入选理由：

1. 基于单元整体的学习目标，设计并实施集教、学、评于一体的数学主题活动，注重学科整合。

2. 注重对学生核心素养的培养，在学科的学习中，重点培养学生的学习能力、反思能力、合作能力、沟通交流能力等。

3. 在观察、操作和创作中，学生对多边形的内角和、周长和面积的关系、图形的割补以及密铺等数学知识有了较为深刻的理解。

案例六　行走中的数学

探究时机：

学习北师大版三年级上册"总复习"后。

探究目标：

1. 在旅行中，学生能有意识地关注现实生活中的数学元素和问题，并用数学方法来解决问题，从而积累具体经验。

2. 会简单地策划行程，知道旅行涉及的具体事项；基于旅行的直接经验，梳理出旅行中发现的数学元素和问题；根据讨论的结果修正自己的作品。

3. 感受数学在生活中的广泛运用，培养学生数学学习的兴趣，结合同伴评价发展学生的反思能力。

探究内容：

1. 请用你的方式记录"行走中的数学"：你发现的数学信息，以及你要和大家分享的信息。

信息可以是关于"时间、路程、速度"的知识，也可以是关于"单价、数量、总价"的知识，甚至是关于合理统筹安排时间和行程的知识等。

2. 请大家以小组介绍自己的数学小报。不仅要介绍小报上的内容，还要说一说为什么这样制作。小组内轮流介绍后，选举出一位同学进行全班汇报，写下你选举这位小伙伴的理由。

3. 全班分享与评选。

4. 请给自己的作品做个"美容"。

给自己的作品做一些修改，比如删减一些内容，增加一些箭头、图示、表格等。

5. 数学小报优秀作品评选。

用评选、颁奖作为学习介绍的仪式，让学生欣赏自己、欣赏别人。让旅行的经历成为数学新型复习课的养料。

6. 布置一面数学小报作品墙。

为了布置作品墙，就要计算所有数学小报的总面积，测量并计算教室内某一堵墙的面积，同时要购买各种装饰用品，就要计算费用。在这个过程中，同学们需要依次解决遇到的问题。

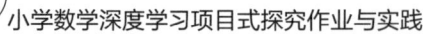

小学数学深度学习项目式探究作业与实践

探究记录：

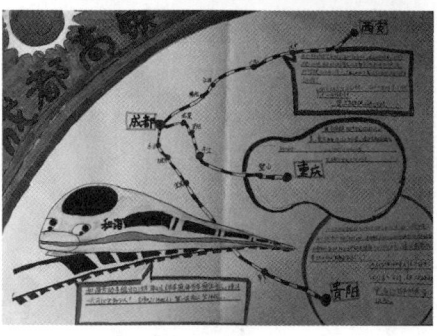

金苹果公学　刘菲絮、孙雨馨、巨陈穆夕、黄子桐

教师评价：

1. 本案例时间跨度较长，但却十分有意义！以学生寒假旅行为素材，大大拓宽了学期总复习课的视野，让复习课有了更高的学科价值和育人价值。

2. 本案例具有较高的挑战性，学生将以数学的眼光筛选众多的旅行信息并用直观的方式表达出来，这很好地体现了新课标中用数学的眼光看世界和用数学的语言表达世界的追求。

3. 本案例特别注重学生之间的交流、倾听、互动，让学生在学习过程中，提升倾听、合作的能力，发展核心素养。

本案例入选理由：

1. 本案例注重学科整合及以整体化、长时段的教学思维进行复习课的创新。

2. 本案例注重培养学生的学习能力、反思能力、合作能力、沟通交流能力等。

3. 本案例具有项目式学习的特点。学生综合运用不同学科的知识完成数学小报，并进行成果展示，整个学习过程也是学生能力提升的过程。

案例七　理想中的小学

探究时机：

学习北师大版数学二年级下册"测量"后。

探究目标：

1. 通过实际测量活动发展学生的量感，在解决实际问题的过程中，发展学生的应用意识。

2. 通过收集和整理资料、动手操作等，融合科学、美术知识解决生活中的实际问题，从而培养学生的空间观念。

3. 在合作交流中，培养学生的表达能力、合作意识和统计意识，发展学生的数学核心素养。

探究内容：

让学生参与理想小学的完整设计流程，帮助学生更快适应小学生活以及运用所学数学知识解决生活中实际问题的能力，培养核心素养。

1. 前期准备

在本项目中，我们把驱动问题定义为"如何建一所你们想象中的小学，让你在其中快乐成长"。基于驱动问题，引导学生展开一系列相关的讨论。同

学们在头脑风暴后，得到一张关于建成自己理想中的小学的思维导图。

为提高项目的精准性，可为学生准备项目团队协议书，以从小培养学生的团队协作精神和诚信意识，这对学生的内驱力的提升有显著效果。

2. 测量教室的长与宽

在这个挑战任务中，用数学绘本《杰克与新魔豆》帮助学生理解简单平面图形，理解长和宽的概念，知道厘米和米的粗略概念，学会用工具进行测量（估算和精确测量）等。

在教师的引导之下，学生循序渐进地展开测量工作，得到一个大概的数值。在学完绘本之后，学生们可用尺子进行精确测量，得到准确数据。

3. 绘制草图

绘制草图前，教师结合学生所处的校园讲解方位、平面与立体之间的关系、俯视的概念等，引导学生齐心协力绘出理想学校的草图，从而展现学生的想象力和动手能力。

4. 挖地基或不挖地基

根据学生对挖地基持有的不同看法，可将他们自动分成两组，在教师的帮助下，学生对挖地基和不挖地基的房子进行模拟地震灾害和飓风的实验，最后得出结论——挖地基的房子更坚固。在完成这一项任务后，设计出评价表，学生对自己和同伴们在以上环节中的"领导能力""组织能力""动手能力"和"关心队员"做出评价。

5. 为小学取名及设计标志

待学生分组完成了"理想中的小学"作品之后，引导学生为自己理想中的小学取名并设计标志，最后投票选出"最受欢迎的理想小学"。

6. 仿真模型的建造

在完成之前任务的基础上，教师为学生提供仿真模型供其创作。学生先把模型摆放成草图上的模样，然后在教师的指导下正确使用油漆上色，给"理想中的小学"绘上全貌。

7. 成果展示

对"理想中的小学"进行成果展示与评价。

探究记录：

第九章 | 学科融合类

成都天立学校西区　二年级数学 pbl 项目组

教师评价：

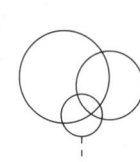

此次活动探索，以兴趣为主线，以活动为载体，以培养学生的能力为目的，启迪思维，培养学习兴趣。学生在解决"问题"的过程中，培养了独立探索与合作精神，提高了分析、解决问题的能力。

本案例入选理由：

1. 每个人都有对环境的无限想象和期待，我们想要改变环境，让自己在其中更加舒适，更好地生活，学生亦是如此。本案例听取了学生对理想学校的向往，鼓励学生为理想学校进行规划，并一起构建理想学校。

2. 通过全方位的学科融合，激发学生的兴趣和好奇心，帮助学生更快适应小学生活，运用所学知识解决生活中的实际问题，落实了数学学科育人的价值。

3. 本案例基于单元整体学习目标，设计并实施了集教、学、评于一体的数学主题活动。注重学科整合，注重以单元化、整体化的教学思维进行课时教学。

案例八　我的周末安排

探究时机：

学习北师大版数学一年级上册"认识钟表"后。

探究目标：

1. 巩固学生对钟面上整时和半时的认识，让学生懂得早睡早起、规律作息的道理，养成珍惜时间的好习惯。

2. 鼓励学生动手做简易时钟，激发学生的创作兴趣，发展学生的美术构图、观察和动手能力。

3. 学生通过说一说自己的周末安排，巩固认读时间的方法，发展学生的表达能力，培养学生合理安排时间的习惯。

探究内容：

1. 看图讲故事，说一说每幅图的意思，你明白了什么道理？

2. 钟表的作用可真不小，相信你对这个新朋友有了更深的了解，快自己动手做一个简易时钟吧！

3. 一寸光阴一寸金，同学们是如何安排周末的呢？请用你们做好的时钟边拨边说说吧！

探究记录：

电子科技大学附属实验小学　杨雯青

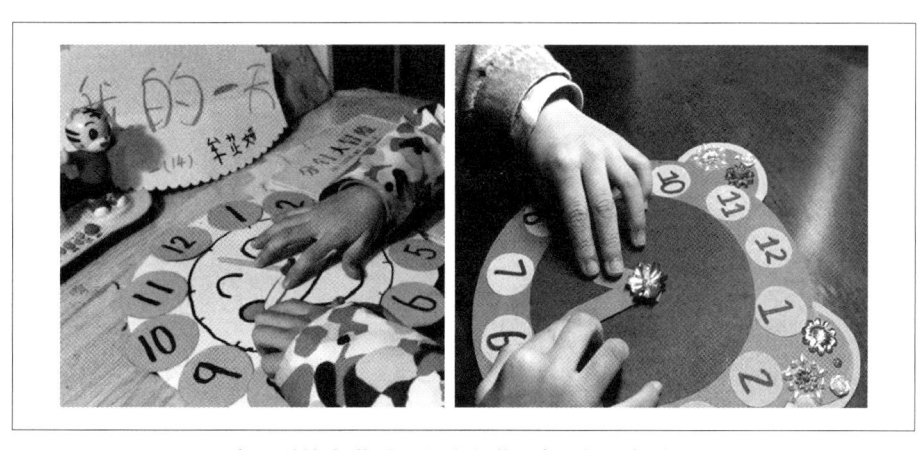

电子科技大学附属实验小学　牟芷妍、胡瑞嫣

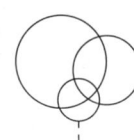

教师评价：

学生通过讲故事，巩固认读整时和半时的方法，知道要珍惜时间。通过动手做时钟，再次加深学生对钟面的认识，丰富认知，发展时间观念。学生通过讲述自己的周末安排，培养了珍惜时间的好习惯，同时促进学生素养的提升。

本案例入选理由：

1. 借助看图讲故事，把数学和语文学科进行了融合，在创编故事的过程中复习了认读时间的方法。

2. 通过自主动手做时钟，巧妙地进行学科融合，培养学生的审美能力，提高学生的创新意识和实践能力。

3. 本案例联系生活，通过拨一拨、说一说，丰富学生对时间的认识，让学生学会合理安排时间，养成珍惜时间的好习惯，落实了数学学科育人价值。

案例九　无处不在的角

探究时机：

学习北师大版数学二年级下册"认识角"后。

探究目标：

1. 通过观察、思考、表达与创作，巩固角的特征，加深学生对角的理解，发展学生的空间观念和创新意识。

2. 通过构思与创作，提高美术构图和创新能力。

探究内容：

同学们，生活中隐藏着很多角，你能找到它们吗？角的作用可大了，角的世界多姿多彩。

用七彩的画笔，描绘出你认识的角、心中的角、畅想的角、未来的角。快动手试着做一张"角"的数学小报吧！

探究记录：

电子科技大学附属实验小学　冯宇轩、崔雅涵

教师评价：

同学们，在这次活动中，到处可见大家寻找角的身影，你们找到了许许多多生活中的角，锻炼了自己的观察能力，把在数学课上学到的相关知识与所见所想相结合，创作出数学小报，实现了学科间的融合，相信在这个过程中，你们对"角"有了更深入的了解，为你们点赞！

本案例入选理由：

本案例把数学和美术学科进行了融合，培养学生留心观察生活的能力，将生活中的角和数学中抽象的角进行有机结合，发展学生用数学的眼光观察现实世界，用数学的语言表达现实世界的核心素养。学生通过绘制数学小报，加深对数学学科的理解，培养了学生的学科兴趣，发展了学生创新意识、实践能力、美术表现和创新能力等综合品质，落实了数学学科育人价值。

案例十　探究"重复"的奥秘

探究时机：

学习北师大版数学二年级下册"'重复'的奥妙"后。

探究目标：

1. 通过观察生活中不同事物所具有的共同规律，体会数学规律与现实生活的联系。通过数形结合的方式，直观感受和表达重复的规律美，激发学生的数学学习的兴趣。

2. 通过绘制具有重复美的作品，发展学生的美术表现、创新能力等素养。

探究内容：

同学们，在我们生活中，隐藏着许多具有重复规律的现象和事物，你发现了吗？请用数学的眼光找找生活中具有重复规律的事物，并用七彩的画笔将它们画下来。

活动任务： 看一看，画一画，描一描，创作一幅具有重复美的画。

探究记录：

电子科技大学附属实验小学　李金恒、古越仁

教师评价：

同学们，在这次活动中，你们尝试用数学的眼光观察生活，发现了很多具有重复规律的现象。你们将所发现的规律画了下来，不仅锻炼了自己的观察能力，还锻炼了动手创作能力，在观察、思考、创作的过程中体会了"重复"规律的美，感受了数学魅力。数学原来就在我们身边，数学原来是这样的有趣！

本案例入选理由：

数学知识来源于生活，让学生在生活中发现重复的规律，从多个角度寻找规律，能发展他们用数学的眼光观察现实世界的核心素养。学生通过数形结合，将所看所想利用画笔进行创作，将数学和美术进行有机融合，培养了学生的创新意识、实践能力、美术表现等综合品质，对培养低年级小学生数学学科兴趣起了独特的作用。

第十章　阅读写作类

第一节　阅读写作的内涵概述

数学家斯托利亚尔曾说："数学教学也就是数学语言的教学。"而数学语言的学习肯定离不开相应的阅读和写作。阅读与写作能力已不再局限于语文、英语等学科，对数学学科而言，它的重要性也日益提升。

新课标将小学数学核心素养概括为三个方面：用数学的眼光观察世界，用数学的思维思考世界，用数学的语言表达世界。这三个方面都要求学生具备一定的阅读能力，方能更好地去"看""想""说"。因此，小学数学教师，不光要做好常规的数学教学，还要做好阅读与写作的教学，结合相关的探究作业设计，培养学生阅读写作的主动性和积极性，使学生在个性化的作业练习中实现自身的全面发展，这对于数学教育的发展具有积极作用。

第二节　阅读写作的方式与价值

一、打好阅读基础，加深数学理解

1. 审题阅读，注重问题解决

小学数学的学习不仅包括计算，更重要的是信息的准确读取。阅读是学生提取数学题目中有用信息的重要途径，学生阅读题目的过程，就是理解题目的过程，也是思考的过程。通过有效的阅读，学生能够把握题目中包含的

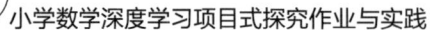

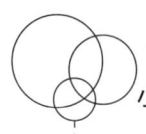

数学信息和问题，提高解题的准确性。由此可见，数学阅读能力的培养对应用题的解答起着重要作用。小学数学教师应该加强学生阅读能力的训练工作，锻炼他们解决现实问题的能力，进而不断提升自身的阅读能力，最终促进核心素养的养成与发展。例如教师可让学生在阅读中寻找关键词，或者找出其中隐藏的条件等。

此外，教师应该引导学生根据关键词和隐藏条件，深层次地理解数学阅读材料，了解每个要素之间的关系，以此提高他们的阅读能力。例如，有道题目是"工人叔叔要在长度为100米的道路一边栽树，每隔10米栽一棵树，一共需要准备多少棵树苗呢？"教师带领学生一同阅读该题，并引导他们使用相应的阅读方法和技巧，找出问题的关键点和隐藏条件，如题目中的"道路"就相当于长度，再引导学生思考什么是点，什么是间隔，以此让学生在阅读过程中不断发散思维，并利用画图的方式提高阅读能力，进而更加有效地解决该问题。

2. 课前阅读，提高学习热情

合理的课前阅读活动设计能够给学生预留出思考的时间与空间，能够有效地激发学生的学习热情和主动参与性。一些概念性的内容，教师不能仅仅告知让学生记忆，可以在课前布置探究性的练习，让学生通过阅读、查找信息等方式积极主动参与到学习的过程中，发挥主观能动性，加深对知识本质的理解，同时提高学生学习数学的热情。

比如，在教学"年、月、日"这一节课前，教师可以先对学生进行分析，大多数学生对年、月、日在生活中已经有了一些认识，知道一年有12个月，一个月有30天或31天等，部分学生甚至知道大月、小月、平年、闰年等知识。学生的疑问主要集中在"为什么有平年、闰年""为什么有大月、小月之分""2月为什么和其他月的天数都不一样"等问题上。因此，教师在正式授课之前可以设置探究活动，让学生根据自己的疑问搜集相关资料进行阅读和整理，再到课堂上担任"小老师"的角色，讲解年、月、日的历法演变、名人趣事等内容。通过学生间的相互质疑和补充，同学们完成整堂课的知识学习，以此培养学生学习数学的兴趣，培养他们数学的阅读写作能力。

3. 拓展阅读，开阔学生视野

孔子曾经说过："知之者不如好之者，好之者不如乐之者。"要提高学生的数学阅读能力，还需要借助各种有意思的设计提高学生的阅读兴趣，这直接影响阅读的效果。教师可以结合课堂教学内容，在每个单元或某几个相似的知识点教学结束后，适时地布置课外阅读的任务，引导学生阅读丰富、有趣的课外读物，激起学生的求知欲。

例如，在学习"认识时间"一课时，教师可以推荐学生阅读绘本《金老爷买钟》，巩固认识时间的方法，感受时间的流逝和变化；在学习了圆周率后，可以推荐学生阅读《圆周率趣话》，从圆周率计算的一次次方法的变迁过程中感受古人的智慧；在学习了自然数、分数、小数之后，可推荐学生阅读《数的演变史》，感悟数学是人类社会文明进步的产物，它既来源于生活又服务于生活……通过一次次的阅读、思考，学生感受到数学的魅力，也养成课外阅读的兴趣和习惯。

二、开展写作活动，提高综合素养

1. 课后应用，联系生活

蒙台梭利曾说："我听过了，我就忘了；我看见了，我就记得了；我做过了，我就理解了。"数学知识的学习决不能只靠教师讲授，学生倾听记忆，而要让学生身临其境地主动参与、积极建构，在实际探究中掌握知识的本质。

例如，在学习完"长度单位"这一部分内容后，可以让学生测一测身边物体的长度，将自己的发现以文字形式记录下来，写成数学日记，从而提高学生观察能力和应用数学的意识。学生在测量和写作的过程中，了解了身边常见的物品如床、牙刷、梳子、筷子、鞋子等的长度。

2. 回顾整理，思维外显

"学启于思，思启与问。"教师要根据教学任务给学生推荐恰到好处的阅读材料，引导学生带着问题去阅读，并能在阅读后提出有意义的数学问题，深入思考。如果能将阅读与写作结合起来，以小作文、日记等形式记录自己的收获和疑问，这对学生的数学思维和素养提升无疑是大有裨益的。深入、主动的阅读活动能激发学生的写作意识，而写作又能激发他们主动地、投入地参与到阅读思考中来，二者相得益彰，在此过程中，学生的数学素养也获得了不断提升。

例如，在学习完"小数加减法"和"小数乘法"内容后，可以让学生将这两个相似的知识联系起来进行回顾整理，在梳理写作的过程中引导学生对知识本质进行深入思考，激发他们提出"为什么小数加减法要将小数点对齐而小数乘法却要将末位对齐"的问题。学生通过对所学的算理算法进行对比分析，利用数学写作将思维外显，从而迁移拓展、类比分析，帮助学生在写作中完成数学知识的学习，养成良好的思考习惯。

阅读与写作活动对于学生数学核心素养的培养日益突出，作为一线的数学教师，应该重视数学阅读写作的教学和作业设计，适时合理地布置阅读写

作的探究任务，为学生的主动发展提供可能。

案例一　神奇的小数

探究时机：

学习人教版数学三年级下册"小数的初步认识"前。

探究目标：

1. 通过写小数、画小数的活动，唤醒学生已有的生活经验，为后续学习打下基础。

2. 通过阅读与写作，了解我国数学家为数学发展史做出的杰出贡献，扩展学生认知，增强学生的民族自豪感。

3. 提高学生的归纳能力和探究能力。

探究内容：

同学们，你认识小数吗？你在生活中见到过小数吗？请把你在生活中见到的小数写下来或者画下来，让我们也认识一下小数吧！你知道世界上最早的小数是怎样表示的吗？通过查找相关资料，了解一下小数的产生历史吧。

探究记录：

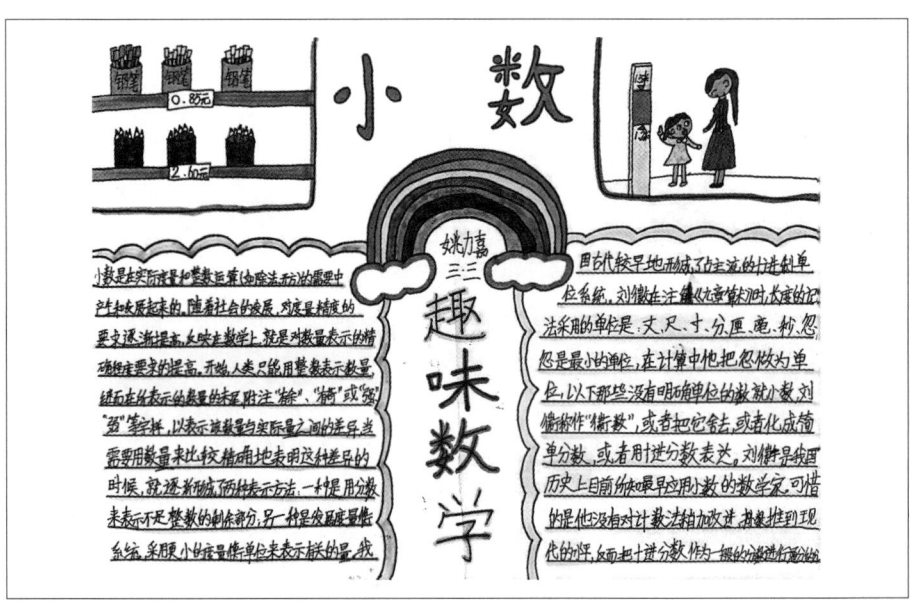

德阳市岷山路小学　姚力嘉

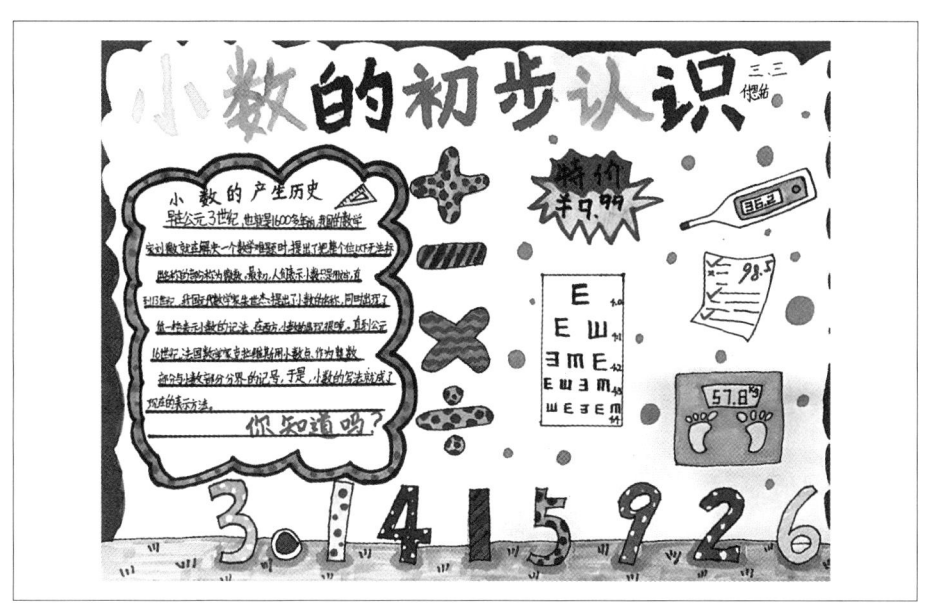

德阳市岷山路小学　付恩佑

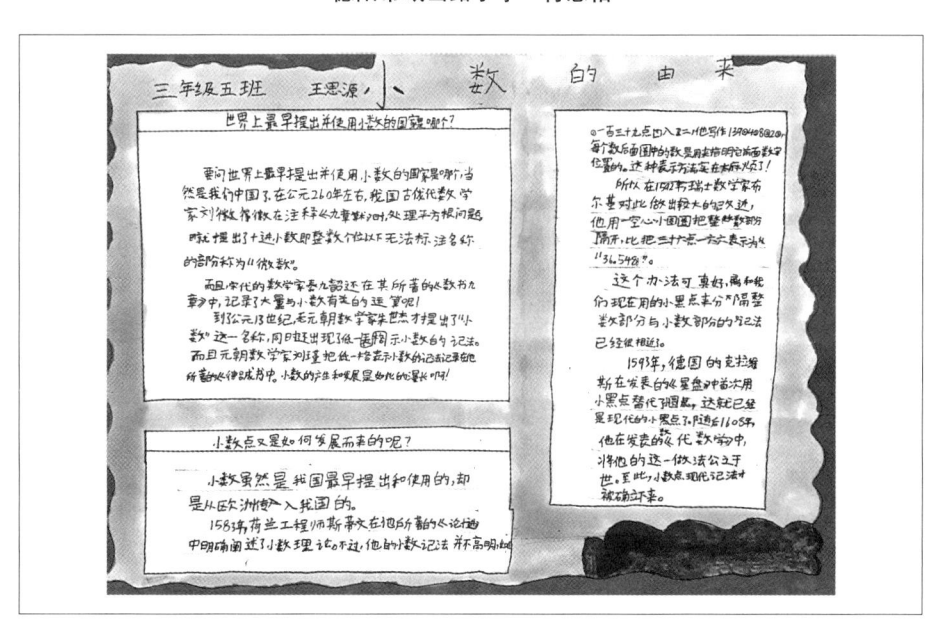

德阳市岷山路小学　王思源

德阳市岷山路小学　徐惜源

教师评价：

　　同学们在正式开始学习"小数的初步认识"这一节课前，已经在生活中见过小数，具有一定的生活经验。通过写小数、画小数、自主查阅小数的产生历史等活动，同学们对小数及其在生活中的应用有了初步感知和认识，为本单元的学习打下了良好基础。希望同学们在数学学习的过程中，坚持数学阅读和数学写作，学会用数学的眼光观察世界、用数学的语言表达世界，加油！

本案例入选理由：

　　1. 通过写小数、画小数、自主查阅小数的产生历史等活动，引起了学生对小数的好奇和探索欲望。

　　2. 学生通过自主查阅资料，不断培养了阅读能力和获取数学信息的能力。

　　3. 三年级的学生乐于用数学小报这样图文结合的形式表达自己的想法，锻炼了数学写作能力，应予以鼓励。

案例二　得其法，明其理

探究时机：
学习北师大版数学四年级下册"小数的意义及加减法""小数乘法"后。

探究目标：
1. 在阅读课本和写作的过程中复习、巩固小数加减法及小数乘法的算法、算理，培养学生的思辨思维。
2. 养成通过阅读课本自主回顾复习的学习习惯，培养学生通过比较阅读，独立获取数学知识的能力，提高数学素养。

探究内容：
数学家高斯曾说："给我最大快乐的，不是已懂得知识，而是不断的学习；不是已有的东西，而是不断的获取；不是已达到的高度，而是继续不断的攀登。"阅读是一个不断学习、不断获取、不断攀登的好方法。阅读课本，对比小数加减法和小数乘法这两个内容，你有哪些收获？有哪些疑惑？想一想，写一写。

探究记录：

电子科技大学附属实验小学　任惜冉、李婧萱

电子科技大学附属实验小学　车思妤、闫蕴渤

教师评价：

　　同学们能在学习完相关联的知识后回过头来对比阅读，发现小数加减法与小数乘法在计算方法和原理上的不同之处，会用举例、画图、列表格等方法来表述自己的想法，非常棒！

　　数学写作能将我们的思维外显，教师不仅看到了平时隐藏在你们头脑中的思考过程，还看到了你们小脑袋里的很多问号，希望同学们能继续养成阅读写作的好习惯，不断思考，不断总结，不断质疑，不断进步！

　　本案例入选理由：

　　1. 通过自主阅读整理复习，学生更进一步地理解了小数加减法及小数乘法的算理、算法，在对比阅读中提出自己的思考和疑问，发展了结构化的思维能力，学会了总结、质疑等学习方法。

　　2. 通过数学的写作活动，学生的思维外显，充分暴露心中所思、所想，提高了学生对数学的探究欲望和学习兴趣。教师也可以通过学生的写作内容，有根据地调整自己的教学方式和方向。

案例三　当面积遇上周长

探究时机：
学习人教版数学三年级下册"面积"后。

探究目标：
1. 本探究作业是在整理与复习本单元知识的基础上，让学生进一步掌握长方形、正方形周长和面积的计算方法，理解周长和面积的含义，并能正确解决有关周长与面积的问题。
2. 感受数学单元知识的整理和复习方法，让学生在完成作业的过程中体验数学思考过程，提高数学交流的能力。
3. 在数学阅读与写作的过程中，培养学生的归纳能力和探究能力。

探究内容：
同学们，我们已经完成了"面积"这一单元的学习，面积是什么？它和周长一样吗？可以用绘画、列表格、数学小论文等形式展示面积和周长的联系和区别。让我们一起将面积和周长理解得清清楚楚，区别得明明白白吧！

探究记录：

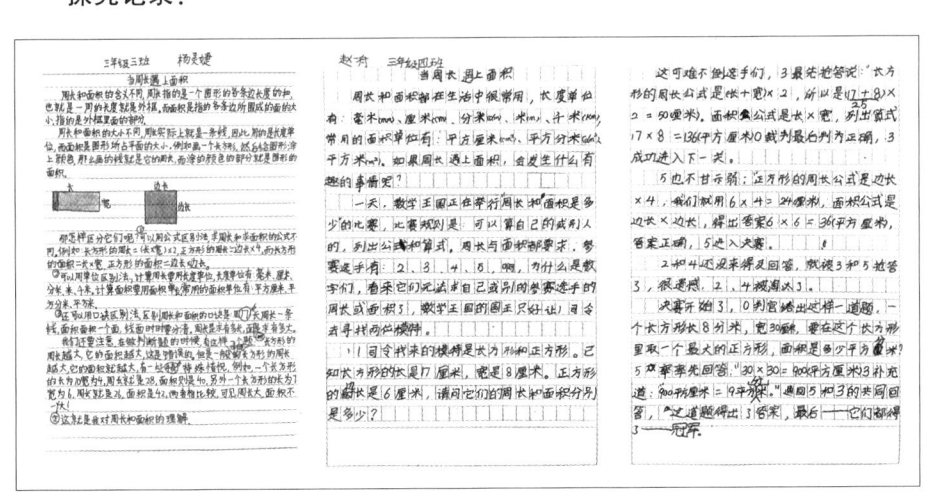

德阳市岷山路小学　杨灵婕、赵一舟

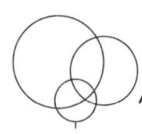

德阳市岷山路小学　王蔓鑫

教师评价：
　　学生经常会将周长和面积混淆，究其原因主要还是学生对于周长、面积的意义理解得不够透彻。面积与周长同时存在于图形或物体的表面，但教材编排在两个学期。本探究试图将"周长"和"面积"两个知识点打通后进行整合复习，让学生辨清知识的相同点和不同点，为后续学习打下坚实的基础。

本案例入选理由：
　　1. 学生通过对面积和周长的相关知识的自主整理，有助于学生对知识建立结构化、网络化、关系化的认识。
　　2. 本案例在不断对比的过程中，引导学生发现和提出问题，分析并解决问题，在获得数学知识的同时，让学生学会提问、学会思考、学会表达。

案例四　晚霞项链

探究时机：
学习人教版数学一年级下册"找规律"前。
探究目标：
1. 利用数学绘本激发学生的学习兴趣。
2. 通过阅读数学绘本《晚霞项链》，引导学生理解并掌握找规律、创造

规律的方法。

3. 让学生动手操作，积极参与到创造活动中，创造出自己的晚霞项链。

探究内容：

亲爱的孩子们，请自主阅读数学绘本《晚霞项链》，边读故事边思考，围绕项链发生了什么事情？怎样才能复原项链？在练习纸上自主创作出一幅有规律的作品。

探究记录：

德阳市岷山路小学　刘宛灵	德阳市岷山路小学　刘湘雯
德阳市岷山路小学　王梦琪	德阳市岷山路小学　赵博雅

教师评价：

有趣的故事情景既能引起学生的关注，也能培养学生的思维能力。故事巧妙地提出了数学问题，激发了学生探索的热情。"画一画、比一比"活动将美术与数学知识进行融合，让枯燥的数学知识变得美丽与丰盈。同学们自主创作出的一幅幅有规律的作品，非常漂亮！

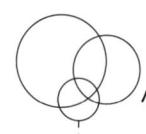

本案例入选理由：

1. 根据小学的低段学生的年龄特点，他们爱听故事，喜欢图文并茂的阅读材料，而数学绘本比较符合一、二年级学生的心理和学习层次特征，是学生喜爱的数学阅读材料之一。

2. 绘本故事《晚霞项链》巩固了"规律"这个数学概念，学生通过阅读故事，明白了除了数字有规律外，颜色、大小、形状等都是具有规律的。同学们拿起彩笔，自己设计了一条有规律的项链。在这个过程中，充分锻炼了学生的动手能力。

案例五　常见的量之创编算式

探究时机：

学习北师大版数学三年级下册"常见的量"后。

探究目标：

理解长度单位、人民币单位、时间单位、质量单位、面积单位等计量单位的实际意义和它们之间的进率换算。进一步建立量感，发展数学核心素养。

探究内容：

同学们，经过三年级的学习，你认识了哪些"常见的量"？你能用学过的计量单位创编算式吗？

探究记录：

探究记录：

1只+1只=1双
1月×12=1年
3天+4天=1周
30秒+30秒=1分
30分+30分=1时
20时+4时=1天
364天+1天=1年
365天+1天=1年
1平方厘米+99平方厘米=1平方分米
1平方分米+99平方分米=1平方米
29天+1天=1月
30天+1天=1月
3个+1个=1个
99个+1个=1百

己录：

3天+4天=1周
12时+12时=1天
6月+6月=1年
99年+1年=1世纪
50平方分米+50平方分米=1平方米
6两+4两=1斤
30秒+30秒=1分
1月+2月=1季度
10角+10角=2元

探究后感言：

我感受到了数学的奇妙，就比如1只袜子+1只袜子它竟然能变成1双！1双袜子存在很神奇。我也找到3条藏在里面的大秘密：1千克=1000克，1吨=1000克，1平方米=100平方厘米，1平方米=100平方分米，1时=60分，1分=60秒……

后感言：

我以为数学的加法是越变越大，没想到和换算和在一起，就可以变得这么有趣。

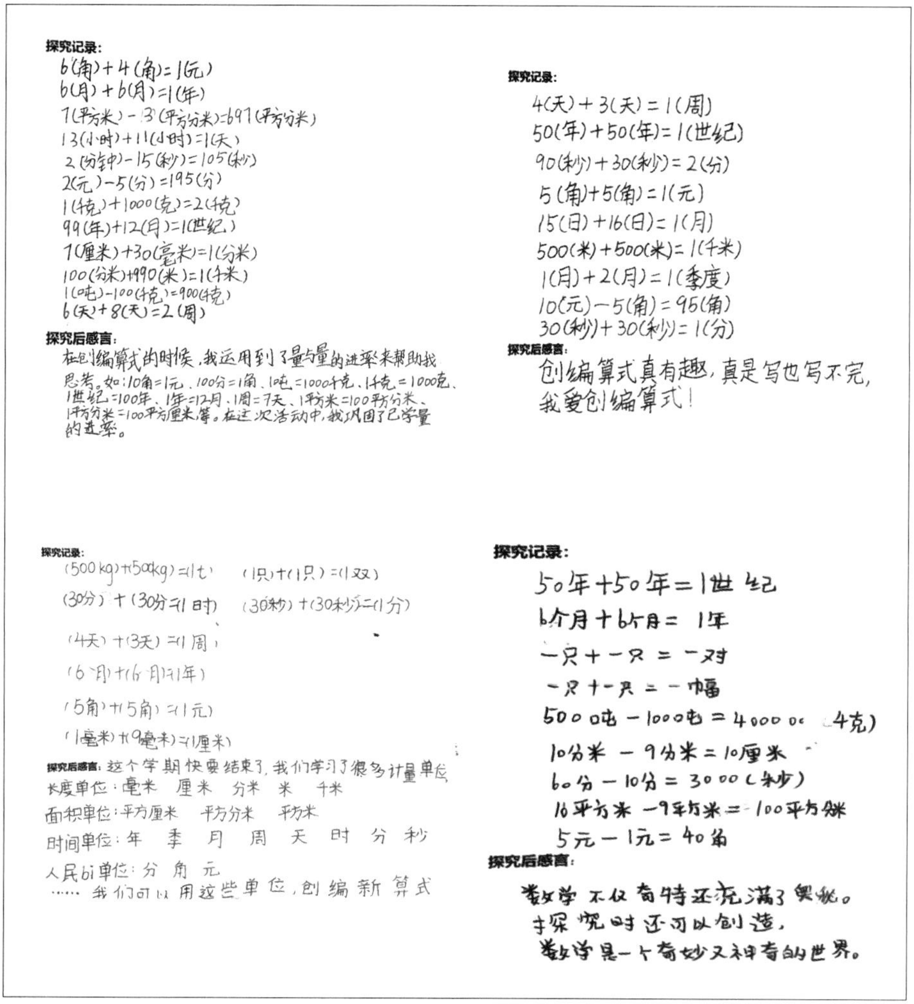

探究记录：
6(角)+4(角)=1(元)
6(月)+6(月)=1(年)
7(平方米)-13(平方分米)=697(平方分米)
13(小时)+11(小时)=1(天)
2(分钟)-15(秒)=105(秒)
2(元)-5(分)=195(分)
1(千克)+1000(克)=2(千克)
99(年)+12(月)=1(世纪)
7(厘米)+30(毫米)=1(分米)
100(分米)+990(米)=1(千米)
1(吨)-100(千克)=900(千克)
6(天)+8(天)=2(周)
探究后感言：
在创编算式的时候，我运用到了量与量的进率来帮助我思考。如：10角=1元、100分=1角、1吨=1000千克、1千克=1000克、1世纪=100年、1年=12月、1周=7天、1平方米=100平方分米、1平方分米=100平方厘米等。在这次活动中，我巩固了已学量的进率。

探究记录：
4(天)+3(天)=1(周)
50(年)+50(年)=1(世纪)
90(秒)+30(秒)=2(分)
5(角)+5(角)=1(元)
15(日)+16(日)=1(月)
500(米)+500(米)=1(千米)
1(月)+2(月)=1(季度)
10(元)-5(角)=95(角)
30(秒)+30(秒)=1(分)
探究后感言：
创编算式真有趣，真是写也写不完，我爱创编算式！

探究记录：
(500kg)+(500kg)=(1t)　(1只)+(1只)=(1双)
(30分)+(30分)=(1时)　(30秒)+(30秒)=(1分)
(4天)+(3天)=(1周)
(6月)+(6月)=(1年)
(5角)+(5角)=(1元)
(1毫米)+(9毫米)=(1厘米)
探究后感言：这个学期快要结束了，我们学习了很多计量单位
长度单位：毫米　厘米　分米　米　千米
面积单位：平方厘米　平方分米　平方米
时间单位：年　季　月　周　天　时　分　秒
人民bi单位：分　角　元
……我们可以用这些单位，创编新算式

探究记录：
50年+50年=1世纪
6个月+6个月=1年
一只+一只=一对
一只+一只=一幅
500吨-1000吨=4000(千克)
10分米-9分米=10厘米
60分-10分=3000(秒)
10平方米-9平方米=100平方分米
5元-1元=40角
探究后感言：
数学不仅奇特还充满了奥秘。
探究时还可以创造，
数学是一个奇妙又神奇的世界。

成都市双水小学校　陈浩楠、袁馨琳、沈龙骏、李成、赵歆瑶、王鑫

教师评价：

三年级的学生已经在生活和学习中接触了许多常见的量。通过创编算式这样的阅读写作探究任务，进一步建立了学生的量感，巩固进率换算的知识，搭建知识结构，培养学生的学习兴趣，让学生逐步形成认知结构化，使其数学核心素养得到发展。

本案例入选理由：

1. 对一至三年级学过的计量单位进行回顾梳理，形成知识结构化。
2. 用学过的计量单位创编算式，培养学生学习兴趣，让学生逐步形成认

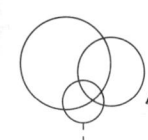

知结构化，使其数学核心素养得到发展。

案例六　100 以内加法

探究时机：
学习北师大版数学一年级下册"100 以内加法"后。

探究目标：
1. 鼓励学生从不同角度思考问题，用不同的方法解决问题，为方法结构化作铺垫。
2. 让学生学会分类思想，理解 100 以内加法的算理，进一步建立学生的数感。
3. 以写数学日记的形式，提高学生数学学习的积极性。

探究内容：
同学们，温故而知新，我们已经学习了 100 以内加法，你有什么想法？请写一篇数学日记。

探究记录：

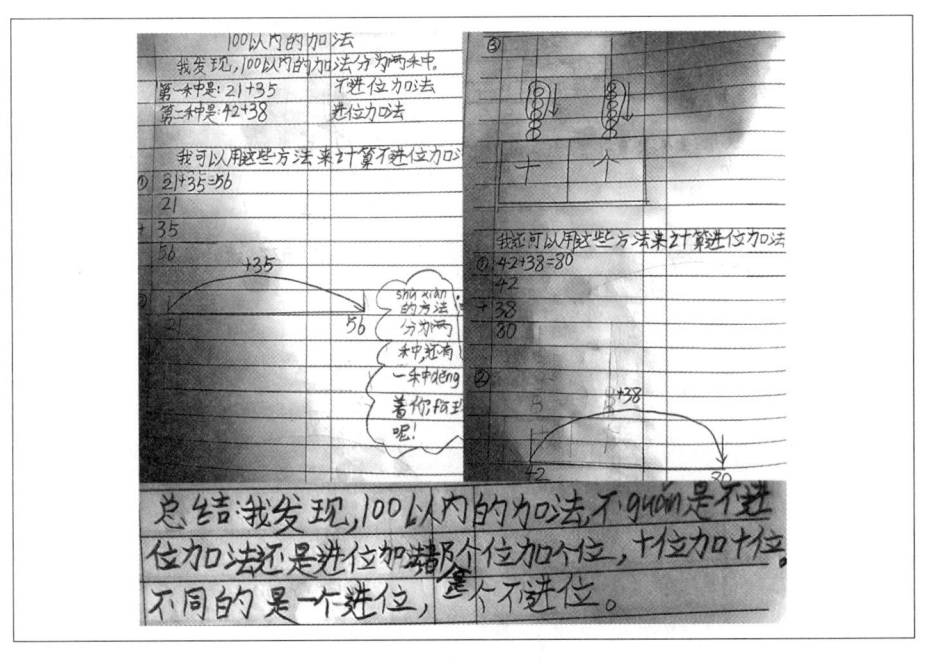

成都市双水小学校　万心悦、何姝

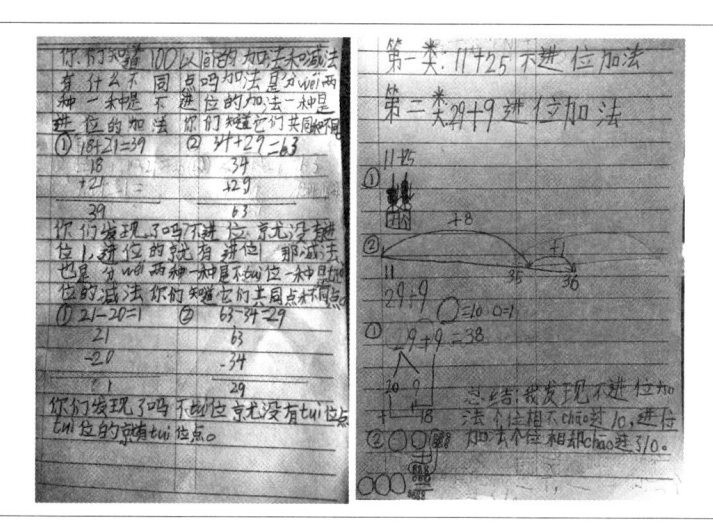

成都市双水小学校　叶小贝、朱赫然

> **教师评价：**
> 一年级的学生已经学习了 100 以内加法，会计算，但是部分学生对于算理理解不够透彻，因此，采取写数学日记的形式进行巩固。一方面，能鼓励学生从不同角度思考问题，用不同的方法解决问题，为方法结构化作铺垫；另一方面，让学生学会用分类思想，将 100 以内加法分为进位加法和不进位加法，进一步理解 100 以内加法的算理，从而建立学生的数感。

本案例入选理由：

1. 本案例通过对一年级加法计算的回顾梳理，为后续的三位数加两位数作铺垫，形成知识结构化，鼓励学生用不同的方法解决问题。

2. 本案例让学生学会分类思想，将 100 以内加法分为进位加法和不进位加法，进一步理解了 100 以内加法的算理，能建立学生的数感。

3. 写数学日记的形式，可以提高学生数学学习的积极性，发展学生的数学核心素养。

案例七　鸡兔同笼

探究时机：

学习北师大版数学五年级上册"数学好玩——尝试与猜测"后。

探究目标：
1. 知道"鸡兔同笼"有关的数学史，了解数学文化和历史。
2. 培养学生阅读及独立获取知识的能力。
3. 在写作的过程中提升学生的思维能力和数学素养。

探究内容：

南北朝时期，我国诞生了一本著名的数学著作——《孙子算经》。在这本数学著作中，出现了一个在后来轰动整个数学界的著名数学问题——"鸡兔同笼"问题。

"鸡兔同笼"传到日本，又被命名为"龟鹤算"，传到欧洲，西方数学家们又赋予了它更系统的解法，它对世界数学史都产生了深远影响。

《孙子算经》中关于"鸡兔同笼"问题的描述为"今有雉、兔同笼，上有三十五头，下九十四足。问雉、兔各几何？"意思是：有若干只鸡、兔在同一个笼子里，上面数有35个头，下面数有94只脚。问鸡、兔各有多少只？

古文解法为术曰：上置三十五头，下置九十四足。半其足，得四十七，以少减多，再命之，上三除下四，上五除下七，下有一除上三，下有二除上五，即得。

又术曰：上置头，下置足，半其足，以头除足，以足除头，即得。

所谓的"上置""下置"指的是将数字按照上下两行摆在算筹盘上。在算筹盘第一行摆上数字35，第二行摆上数字94，将脚数除以2，此时第一行是35，第二行是47。用"脚数的一半"减去头数，40减去30（上三除下四），7减去5（上五除下七）。此时下行是12，35减12（下一除上三，下二除上五）得23。此时第一行剩下的算筹就是鸡的数目，第二行的算筹就是兔的数目。

另一种更简单的方法是：在第一行摆好35，第二行摆好94，将脚数除以2，用"脚数的一半"减去头数得兔数，再用头数减去兔数。这样第一行剩下的是鸡数，第二行剩下的是兔数。

阅读了上面的材料，你明白古人是如何解决鸡兔同笼问题吗？写一写，画一画，说说有哪些收获或者疑惑？

探究记录：

答：(1) 我没有同古人反驳得上的"用头减去'脚数的一半'"这一步。

(2) 我的"收获"是：我已大概明白了古人在算数的计算。

(3) 我的疑惑为：为"脚的数数的一半"指的是还是47？若不是那又指哪个数？若是，那么如何用35减去47呢？

(4) 我自己的方法是：

头数	鸡	兔	脚数
35	30	5	80
35	26	9	88
35	23	12	94

答：一共各有23只鸡，12只兔。

(5) 表达了古人的聪慧与爱思考，让人过犹不及。我应该向古人们学习，虽无法达到，但自有还能提升的空间。

(6) 我的第二种算法：解：设鸡有X只，则兔有(35-X)只

$2X+4(35-X)=94$
$2X+140-4X=94$ $35-23=12$(只)
$140-94=4X-2X$
$46=2X$
$X=23$

答：鸡有23只，兔有12只。

解：假设笼子里都是鸡，则有94÷2=47(只)鸡，而笼子里只有35只动物。则说明鸡的只数多了，兔的只数太少了。所以兔子有47-35=12(只)，鸡有35-12=23(只)

验：12+23=35(只)

12×4=48(只) 23×2=46(只)

48+46=94(只)   答：兔子有12只，鸡有23只。

我的收获：我知道了如何解决鸡兔同笼问题，了解了鸡兔同笼问题的由来，以及古人是如何解鸡兔同笼问题的。

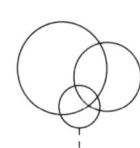

> 答：我通过阅读上面的材料，明白了古人是怎样解决鸡兔同笼问题的：
>
> 原来《孙子算经》上记载的是一种砍脚法。思路是这样的：假如砍去每只鸡和每只兔一半的脚数，那么总共的脚数就由94只，变为了94÷2=47(只)。每只鸡就是一只脚，每只兔就是两只脚。如下图：
>
> 鸡：🐔 → 🐔
>
> 兔：🐰 → 🐰
>
> 砍完脚后，就可以发现，如果是鸡，鸡一头对一脚。如果是兔，兔一头对两脚。现在笼子里一共有35个头，但脚却有47只。接下来，我们将兔和鸡统一按一头一脚来算，35个头对35只脚。这样，47-35=12(只)脚，脚多出了十二只。因为只有兔每只多一只脚，那么这多出的十二只脚一定是兔的。所以兔的只数就等于47-35=12(只)，鸡的只数也就是35-12=23(只)。
>
> 我的收获：在平时的练习中，要像古人一样，要多观察、多动脑，联系题目并选择合适的方法解决问题。
>
> 我的疑惑：还有更多解决鸡兔同笼的方法吗？它们又是怎样解决的呢？

电子科技大学附属实验小学　蒋宇维、孙文远、胡斯美

教师评价：

中国在文明发展过程中，不仅留下了很多文学经典，也留下过许多数学和科学的著作。为了让小学生了解自己国家的科学发展史，了解中国数学的底蕴，本案例摘录了著名的"鸡兔同笼"问题。同学们在探索过程中，了解了古人的智慧，找到这类题目的共同特征，得出共性，总结了方法。"鸡兔同笼"不只是一类问题，还代表着一种数学模型和数学思想。学习数学时，只有在个案的探索中找到了规律性的结论和方法，才能学到有价值的数学。

本案例入选理由：

1. 本案例能够让学生了解中国数学的文化渊源。

2. 通过数学的阅读写作活动，学生的思维外显，能充分暴露阅读后的所思、所感、所想，提高学生对数学的探究欲望和学习兴趣。教师可以通过学

生的写作内容，发现学生的思考难点，从而调整教学重难点和教学方向。

3. "鸡兔同笼"问题对于小学中、高年级的同学们来说只是一种难题，解决这个问题的方法很多，但适合小学低年级学生的方法不多。本案例通过阅读写作的方式提升学生的思考兴趣，让他们真正做到乐于思考。

案例八 20 以内数的认识

探究时机：
学习北师大版数学一年级上册"20 以内数"后。

探究目标：
1. 鼓励学生从数量、顺序、位置、大小、模型、算式等方面多角度进一步认识 20 以内数。
2. 培养学生总结反思的习惯，渗透迁移的思想，为结构化思维作铺垫，进一步建立学生的数感。
3. 通过写数学日记的形式，发展学生数学抽象、数学建模的核心素养。

探究内容：
同学们，请你选择 20 以内任意一个数，把你的认识记录下来？请写一篇数学日记。

探究记录：

成都市双水小学校　万心悦、何姝

成都市双水小学校　蒋欣悦、朱赫然

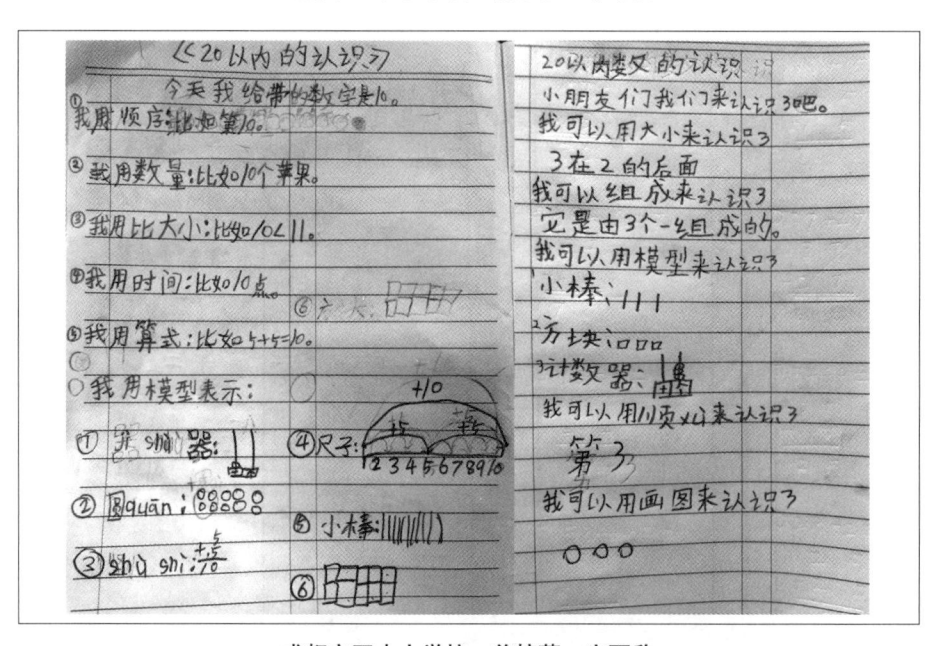

成都市双水小学校　曾梓萱、宋雨欣

> **教师评价：**
> 一年级的学生都会认数，但他们很少深入去思考数到底是什么？学生在写数学日记的过程中，逐步培养了他们总结反思的习惯，鼓励学生从数量、顺序、位置、大小、模型、算式等方面多角度进一步认识20以内数，进一步建立学生的数感。在写作的过程中，学生有机会表达自己的思想，这将有利于培养学生的思辨思维，提高学生数学抽象、数学建模的核心素养。

本案例入选理由：

1. 本案例让学生从数量、顺序、位置、大小、模型、算式等方面进一步认识20以内数，有意识地培养了他们的结构化思维，让学生体会了迁移的思想，为以后从多角度认识100以内、1000以内、10000以内的数作铺垫，从而促进学生认知结构化的形成。

2. 通过写数学日记的形式，发展了学生数学抽象、数学建模的核心素养。

案例九　统筹优化，数学好玩

探究时机：

学习北师大版数学四年级下册"数学好玩——优化"后。

探究目标：

1. 通过阅读生活中的例子，了解运筹思想在解决实际问题的应用。

2. 让学生体会到问题解决的多样性，在多种方法中寻找最优解决方案的意识。

3. 让学生切实体会到数学知识的实用性。

探究内容：

在日常生活中，我们经常会遇到这样的问题：完成一件事情，有很多种方法，怎样合理安排才能做到用的时间最短，费用最少呢？这类问题是我们熟悉的"最优化问题"，在数学中称为统筹问题。比如我们数学课上学习的沏茶问题和烙饼问题，都是统筹问题。通常这类问题需要结合实际、联系生活，通过列举、计算、对比等手段，才能选出最佳方法。这类问题非常有趣，但解题方法灵活，技巧性强。

我们来看一看码头上的卸货问题：有三艘轮船等待卸货，甲船要10小时卸完，乙船要4小时卸完，丙船要6小时卸完。因人手不足，只能一船一船

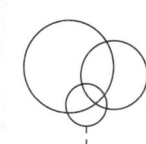

地卸货。要使三艘轮船的等候时间的总和最少，应该按怎样的顺序卸货？

我们来一起分析一下。一艘船在卸货的时候，另外两艘船都在等候。卸货时间不同，等候时间也不同。所以不同的卸货顺序会得到不同的等候时间的总和。

如果按甲—乙—丙的顺序卸货：甲船卸货要10时，乙、丙均要等候10时。之后乙船卸货4时，丙船要等候4时。最后丙船卸货6时。

甲船	乙船	丙船
10	10	10
	4	4
		6

等候时间总和：$10×3+4×2+6=44$（小时）

如果按甲—丙—乙的顺序卸货：甲船卸货要10时，乙、丙均要等候10时。之后丙船卸货6时，乙船要等候6时。最后乙船卸货4时。

甲船	丙船	乙船
10	10	10
	6	6
		4

等候时间总和：$10×3+6×2+4=46$（小时）

如果按乙—丙—甲的顺序卸货：乙船卸货要4时，甲、丙均要等候4时。之后丙船卸货6时，乙船要等候6时。最后乙船卸货4时。

乙船	丙船	甲船
4	4	4
	6	6
		10

等候时间总和：$4×3+6×2+10=34$（小时）

那么怎样才能让等候时间最少呢？

经过对比分析不难发现，要使它们等候时间（等候时间包括卸货时间）的总和最少，应该让卸货用时少的先卸货，即卸货顺序是：乙、丙、甲。

采用合适的方法，能够将损耗降到最小，从而达到效益最大，这些思考都对生活有着重要意义。阅读了上面的材料，了解优化在生活中的实际应用，说说你有哪些收获，还有哪些疑惑？

探究记录：

这个题真有趣，我试了其它顺序我是按丙-乙-甲的顺序卸货得到这样的结果。

丙	乙	甲
6	4	10
	8	

等候时间就是6×3+4×2+10=36小时，这样的等候时间相对少些但不是最少的，以前我一直以为按照先后顺序排队卸货就可以了，想不到排队卸货也有这么多学问，这些都用到了数学思维，数学真神奇，太有用了！我的疑惑是生活中还有哪有别的有趣的优化呢？

阅读了上面的材料，我的收获是：1.如果今后遇到类似的计算最短时间总和的问题，我就不用一一穷举了。我可以用今天学习到的方法，从用时最少的开始计算，最后计算用时最多的。2.许多的数学题目都有不同的解题方法，我要多思考、多尝试、争取找出最优解。

我看了这个内容后觉得数学真奇妙，改变一下顺序居然结果相差那么多，这些船和工人在等的时间里可以做很多事，等的时间太长就太无聊。我试了一下按乙-甲-丙的顺序卸货，发现等候时间是38小时按照卸货时间短的先卸货这样更好些。

我把这个结论讲给爸爸听，他给我讲了时间是宝贵的节约出时间还可以做很多事情。我觉得以后我也要多动脑筋，思考一下结果会有多大变化！

我的疑惑是剪头发时前面的阿姨在做头发每次我都久，理发师为什么没有这样思考呢？

电子科技大学附属实验小学　李承泽、李嘉怡

教师评价：
数学是思维的体操。统筹类问题是一类有趣的数学问题，在思考对比的过程中，学生能够豁然开朗，发现方法的不同结果竟也千差万别。同学们在实际中感受了数学的价值，关注思维方式的转变，增强了数学能力，真正体现数学有用。

本案例入选理由：
1. 本案例能够增强学生数学的应用意识，尝试发现身边的统筹问题。
2. 通过数学的阅读写作活动，学生能发现并感受数学的应用价值。

案例十　有趣的推理

探究时机：
学习北师大版数学三年级下册"数学好玩——有趣的推理"后。

探究目标：
1. 在推理过程中让学生学会观察、分析和表达。
2. 促进学生养成全面、有条理的思考问题的习惯。

探究内容：
根据已知的判断信息，推出一个新的判断，这个思维过程就是推理。逻辑推理问题和常见的数学问题不同，解答时不是通过进行许多的计算分析数量关系，而是根据已知条件之间的联系，通过分析和判断得出合理的结论。日常生活中我们常会遇到需要推理的问题。同样在数学中，我们也需要运用到逻辑推理。逻辑推理的方法有很多，比如直接推理法、排除法、假设法、列表法等。

生活中有很多推理的故事，也产生了很多有趣的俗语，比如"蚂蚁搬家蛇过道，大雨不到小雨到""霜后准晴天，瑞雪兆丰年""久晴大雾雨，久雨大雾晴"等，都是对气候进行的归纳，人们就能根据现象进行直接推理。

【排除法】我们先来看一个排除法的一个典型题目：一个骰子，六个面分别写着1~6的数字。"?"处应该是几？

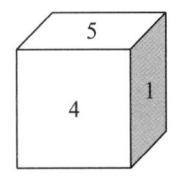

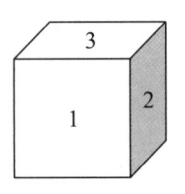

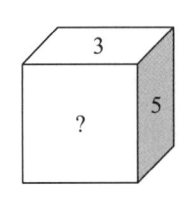

观察前两个骰子,发现1出现了两次。利用排除法,1的对面不是4、5,也不是2、3,六个数去掉1本身,再去掉2、3、4、5,就只剩下6,故1的对面是6。同样的方法可以得出:5的对面不是1、3、4、6,只能是2;3的对面只能是4。故1—6,2—5,3—4,再结合正方体上各面数字的特征,得到"?"处是6。

【假设法】假设法就是根据题目中的信息先做出假设,再根据已知条件进行推算,得出矛盾做出调整,从而得出正确答案。

光头强家的窗户玻璃被打碎了,他找几个"嫌疑人"问话。

熊二说:"是熊大打碎的。"

熊大说:"不是我打碎的。"

吉吉说:"也不是我打碎的。"

如果三人中只有一个人说了真话,那么是谁打碎了窗户?

我们可以用假设法试一试:假设熊二说的是真的,那么熊大说的一定是假的,吉吉说的就也是真的,故熊二一定说的是假的,熊大说的就是真的,吉吉说的也是假的。问题也就迎刃而解,这就是假设法的神奇之处。

【列表法】学校有3位老师,分别是李老师、王老师和吴老师,三位老师分别教语文、数学、英语学科。已知:

(1) 每个老师只教一门课;

(2) 李老师上课全用汉语;

(3) 英语老师是一个学生的哥哥;

(4) 吴老师是女教师,比数学老师年轻。

问:三位老师各上什么课?

我们可以采用列表的方法来试一试。

	语文	数学	英语
李老师			
王老师			
吴老师			

因为李老师上课不用英语,所以她不是英语老师;英语老师是一个学生的哥哥,一定是一个男教师。而吴老师是一名女教师,所以她也不是英语教师,并且不是数学老师,王老师是英语教师。

	语文	数学	英语
李老师			×
王老师			√

续表

	语文	数学	英语
吴老师		×	×

再结合，表格可以得出，吴老师一定是语文老师，李老师是数学老师。

	语文	数学	英语
李老师	×	√	×
王老师	×	×	√
吴老师	√	×	×

这就是列表法。

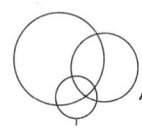

同学们，阅读了上面的材料，你对推理方法有了一定的掌握吗？有哪些收获？可以分享给其他同学。

探究记录：

> 列表法我学习过，直接推、排除法和假设法我听说过。这次在一起对比了一下，它们各有各的优点，我觉得不同类的题目要选不同的方法。
> 我一直都很喜欢推理的题目，梦想以后成为一名侦探，帮助人们解决又难题。这次又学习了新的方法，我很想试试。大家家有侦探推理类的书可以推荐给我。

> 我对排除法很感兴趣，不是这个就是那个，这种推理很常见。家里的花瓶被打碎了，妈妈生气的问我和姐姐谁打碎的花瓶，谁打碎花瓶姐姐不是我打碎的妈妈说一定是弟弟打碎好妈妈学习过排除法。假设法和列表法也很好这学期我就学列表法，通过阅读，我学会了多推理方法，我也多动脑，成为一个小侦探。

电子科技大学附属实验小学　李承泽、李嘉佑

教师评价：

推理能力是小学生必备的思维技能。推理也就意味着要将一件事情从结果推理到源头，在这样的情况下，小学生的头脑会想很多，而且学生在这段时间内一直处于头脑风暴之中，所以学生的思维能力会进一步加强。在经历了这段推理思考后，学生思考问题和解决问题的能力也会随之增强。阅读能开阔学生的视野和学生的思维广度，促进学生数学能力的养成。

本案例入选理由：

1. 本案例能让学生增强推理能力。

2. 数学的阅读写作活动，将学生的思维外显，充分暴露他们阅读后的所思、所感、所想，提高学生对数学的探究欲望和学习兴趣。

3. 通过数学阅读与写作，学生们学习了更多的思维方式，有利于他们形成数学素养。

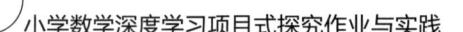

第十一章 探究实验类

第一节 探究实验的内涵概述

任务驱动下的探究实验作业，让学生在做中学、学中做，在实践中体验，在体验中获得经验，能有效弥补认知经验与知识之间的脱节，促进学生理解知识、发展能力、生成素养。

在自然科学的研究中，实验是一项重要的研究方法，而数学又是自然科学的重要基础。数学是否需要实验呢？数学教育家波利亚曾说："数学不只是逻辑推理，还有实验。数学有两个侧面，它是欧几里得式的严谨科学，但在创造过程中的数学看来却像是一门实验性的归纳科学。"[1] 数学实验是帮助学习者深入理解数学结论、方法、关系和规律的重要方法。

数学实验依据不同实验目的分为两类：演示性实验和探究性实验。[2] 演示性数学实验是展示、还原一种操作或者现象的演示过程；探究性数学实验是基于一个数学思想或者数学理论，经过预先的设计和组织，借助实物或信息技术，让实验者在观察、操作、猜想、验证、反思中经历发现、提出、分析和解决问题的过程。而小学数学探究实验集探究性和趣味性于一体，通常用于建构数学概念、验证数学猜想、发现数学规律和解决实际问题，广受教师和学生的喜爱。

---

[1] 波利亚. 怎样解题——数学教学法的新面貌 [M]. 涂泓，冯承于，译. 上海：上海科技教育出版社，2002.

[2] 陈雪银，黄新生，陆柳美，等. 数学实验融入小学数学教学研究综述 [J]. 基础教育研究，2019（13）：38—41.

第二节 探究实验的方式与价值

一、源于根本

《义务教育数学课程标准（2022年版）》明确指出："引导学生在真实情境中发现和提出问题，利用观察、猜测、实验、计算、推理、验证、数据分析、直观想象等方法分析问题和解决问题。"[1] 可见，探究实验有助于发展学生的核心素养，是数学学习中不可或缺的一部分。

而从数学的发展历史来看，数学来源于实践，探究实验也是历代数学家们创造和建构数学理论体系的重要方法。例如高斯的著作《算术研究》中许多的研究成果，就是首先从实验、归纳中发现[2]，再进行证明的。在探究实验中，像数学家那样思考，从结论形成的源头出发，着眼于数学知识的形成过程，逐步理解蕴含在结论背后的数学思想和数学理论，促进知识的理解，为后期创造力的发展打下坚实的基础。

二、始于足下

现行的各种版本的小学数学教材都有具备进行数学实验的内容，例如图形面积、体积公式的推导以及运算规律的发现等。虽然探究实验在发展学生的"四基"和"四能"方面明显优于演示实验，但在实际教学的过程中，老师们还是更多采取演示性实验，一方面是因为演示性实验过程简单，另一方面则是因为在课堂上进行探究实验，从设计、指导、实施到评价都存在一定的困难。幸而探究作业的布置，为探究实验带来了更多的可行性。

1. 深刻而有趣

探究性、趣味性是小学探究实验作业的主要特点。探究性体现在实验的结果对实验者而言不是显而易见的，而应具备探究的空间和价值，并和数学思想或者数学知识紧密联系。趣味性是探究实验作业自带的天然优势，动手操

---

[1] 中华人民共和国教育部. 义务教育数学课程标准（2022年版）[M]. 北京：北京师范大学出版社，2022.

[2] 郭庆松. 小学数学实验的内涵、价值与实施[J]. 小学数学教育，2016，226（Z4）：7—8.

作、猜测验证和实验任务驱动的过程都很符合小学生好奇、好动的年龄特点。

例如在六年级综合实践"水是生命之源"的项目学习之后，教师提出"家里做饭，用电还是用气更便宜"的问题，学生可自主制订实验计划，设计实验步骤，准备实验需要的用品并依据计划完成实验操作，最后记录实验结果。这个实验产生于生活中的真实问题，具有一定的开放性，还体现了数学的学科价值。

2. 书里与书外

探究实验的内容选择是基于教材但不限于教材的。教材中四大领域都蕴藏着探究实验的素材，例如数与代数领域中的运算规律，图形与几何领域里的面积的认识与测量，统计与概率领域的"抛硬币"等。综合实践领域里探究实验的内容相对更为丰富，例如在"曹冲称象"中的"都来称一称"这一课后，可以设计一个"称全家"的实验，让学生称量家中物品，在猜测与验证中不断寻找估计的方法，修正自己的估计值，最终达成发展量感的核心素养目标。

而在教材以外，可以结合其他学科进行相互融合，设计更加丰富多彩的探究实验。例如将数学课与音乐课结合，设计根据水的高度制作可以敲出音乐的水杯实验；结合体育课，设计体育中的数学实验；结合信息技术课，将各种组合图形的割补通过直观实验进行探究；结合美术课，设计探究轴对称图形特征的剪纸实验等。

3. 实施和评价

探究实验从设计、准备到完成大致可以分为如图 11-1 所示的四个环节：①提出问题：从教师或学生提出的问题入手，围绕问题设计操作步骤，根据步骤确定实验需要准备的实物或者信息技术设备。②做出猜测：对问题的结果提出自己的猜测并记录。③验证猜测：通过举例验证，对比猜测结果得出结论。④反思结果：尝试用文字、图形或数学符号描述实验过程和结果，并阐述实验结果背后的道理，再写一写完成实验后的感想，将本次实验的后续研究空间拓宽。

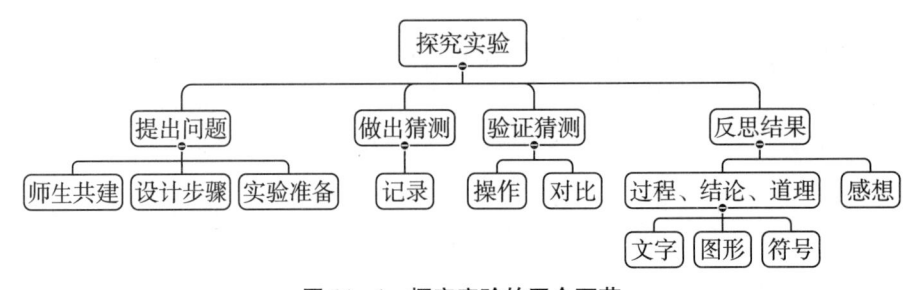

图 11-1 探究实验的四个环节

探究实验作业的评价方法多种多样，除了可以在学校对实验进行自评、互评，还可以借助信息技术，把实验过程和思考拍成视频，采取网上展示和评价的方式。探究实验作业还能作为主题式或项目式学习成果中的一部分参与整体评价。

探究实验作业在实际操作中，可能会遇到设计与实施、目标与效果等方面的问题，但让每个学生在实验中体会动手、动脑的乐趣，感受数学家曾经走过的研究之路，促进学生的深度学习和数学素养的提升是将探究作业坚持下去并深入研究的动力。

案例一　哪杯水最多

探究时机：
学习北师大版数学一年级上册"大小、多少比较"后。

探究目标：
通过完成"哪杯水最多"的实验，让学生经历猜测、验证、得出结论的过程。通过说一说、写一写、画一画的方式进行实验验证，感受数学知识与现实生活的紧密联系，发展好奇心、想象力。

探究内容：
学习了比较大小和多少，我们发现生活中有很多可以比较的事物。今天我们一起做个比较多少的数学实验，看看有什么新发现？

实验名称：哪杯水最多？

实验准备：3个大小一样的杯子，3块大小不一样的石头，一些水。

实验步骤：

1. 如下图所示：在3个水杯里分别放入一个石头，再加水，使每个杯子里的水面高度相同。

2. 猜一猜：哪一杯水最多？在这个杯子旁边的方框里打"√"。

3. 验一验：把石头从杯子里拿出，观察水面高度，验证猜测的结果是否正确。我的猜测（　　）（括号里填"√"或"×"）。

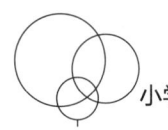

4. 想一想：你发现了什么？试着说一说、画一画或写一写。

探究记录：

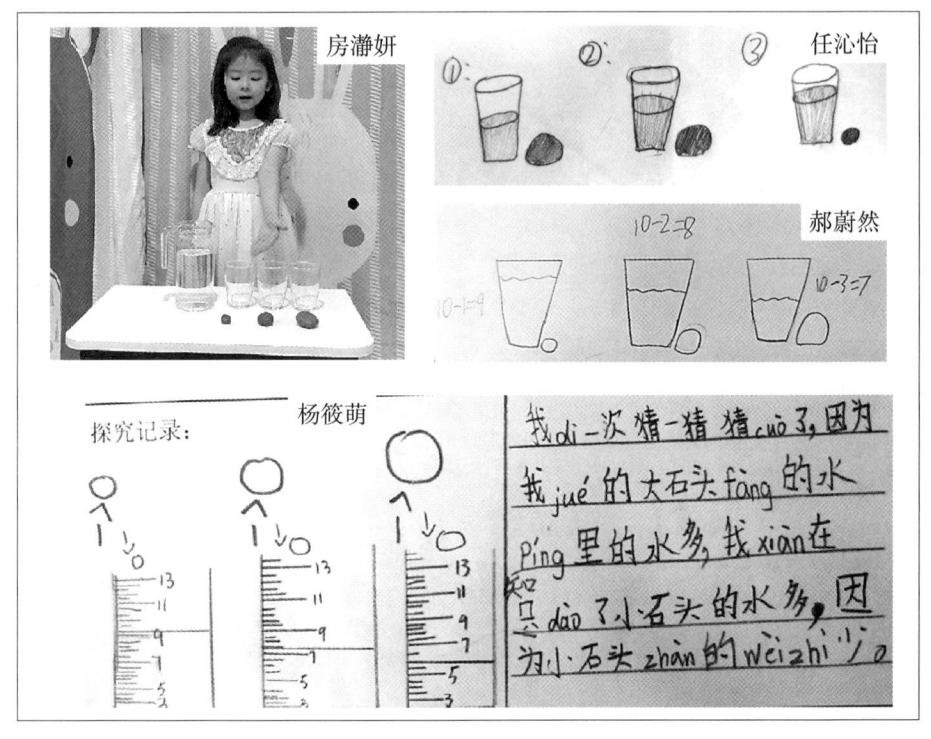

成都市弟维小学　房瀞妍、任沁怡、郝蔚然、杨筱萌

教师评价：
猜测错了没有关系，重要的是你通过验证发现了正确的结果，并想通了其中的道理，同学们在这个过程中一定有很多收获。

本案例入选理由：

1. 低年级学生以形象思维为主，这个探究作业把一个需要费时、费力讲道理的问题变成了一个有趣的探究实验，让学生经历观察、猜测、验证、反思的全过程，激发了学生学习数学的兴趣。

2. 当石头从水中取出以后，学生能通过观察发现水面降低，从而体会到石头和水都会占据空间这一现象。这个探究作业发展了学生的空间观念，并为学生后期学习不规则物体的体积积累了活动经验。

3. 从对结论的反思中，学生能产生更多的联想和思考，例如将乌鸦喝水的故事联系起来，甚至和算式表示的数量关系联系起来，这将有助于学生的

深度学习。

案例二 石块的体积是多少

探究时机：
学习北师大版数学五年级下册"长方体的体积"后。

探究目标：
围绕解决"石块的体积是多少"的核心问题，经历猜想—验证—结论的探究学习过程，理解不规则物体体积的测量方法，学习转化的思想。

探究内容：
同学们通过前面的学习，了解了物体的体积是什么，学习了体积单位，能够熟练计算长方体和正方体的体积。像石头这种不规则形状的物体，体积到底有多大，你知道吗？先阅读下面的材料，再完成下面的挑战吧！

> **你知道吗**
>
> 传说两千多年前，一位国王命令金匠制造一顶纯金的皇冠。皇冠制好后，他怀疑里面掺有银子，便请阿基米德鉴定一下。解决这个问题需要测量出皇冠的体积，阿基米德一直解决不了这个难题。
> 有一天，阿基米德跨进浴池洗澡时，看见水溢到池外，于是从中受到启发：可以通过排出去的水的体积确定皇冠的体积，从而判断皇冠中是否掺有银子。他非常兴奋地从浴池里跳出去，赤身奔跑回家中，边跑边欢呼。"尤里卡！尤里卡！"（希腊语，意思是"我找到了！"）完全沉浸在新发现之中的阿基米德，竟然忘记了自己没穿衣服！

● 如下图，要测量石块的体积，你有什么方法？与同伴交流。

> 不能直接用公式，怎么办呢？

1. 想一想，怎样测量石块的体积？
2. 测一测、算一算，石块的体积是多少？
3. 回顾测量的过程，石头体积是怎么转化的，转化成谁的体积了呢？
4. 生活中，还有哪些物品可以用上面的方法测量它的体积，在测量时需

要注意什么问题？说一说，做一做。

探究记录：

成都市金堂县实验小学　张耀文、曾俊杰、艾琪年、罗愈博

教师评价：
　　同学们通过观察、思考，建立了与已有经验之间的联系，并提出解决问题的方法，能通过操作验证方法的有效性，且能归纳总结出多种方法，很了不起！

本案例入选理由：
　　1. 通过本次探究活动，强化了学生对已有经验的类比迁移。
　　2. 经历"猜想方法—进行验证—得出结论"的全过程，学生的探究能力得到有效提升。

3. 通过具体的操作活动，学生在方法提炼的过程中感受到转化思想的魅力。

案例三 包装的学问

探究时机：
学习北师大版数学五年级下册"长方体正方体的表面积"后。

探究目标：
学习了长方体正方体表面积后，让学生经历摆放、讨论、想象、猜想等学习过程，进而培养有序思考、合理分类的数学思维，感受长方体表面积与实际生活的紧密联系。

探究内容：

1. 知识回顾，提出问题

同学们，还记得长方体的表面积怎么计算吗？两个长方体的表面积呢？在生活中遇到的问题，常常不能直接应用公式解决，比如购买礼品需要多少包装的问题。六一儿童节快到了，老师想送两盒一样的糖果给咱们班的学生，用包装纸将两盒糖果包装成精美的礼品。那么至少需要多大的包装纸呢？（接口处不计）

2. 分析问题，设计实验

至少需要多大的包装纸是什么意思？接口处不计又是什么意思？那怎样才能使包装的表面积最小呢？两个礼品盒有几种包装方法？哪种方案最省包装纸？请大家针对以上问题，进行探究实验，并做好记录。

探究记录：

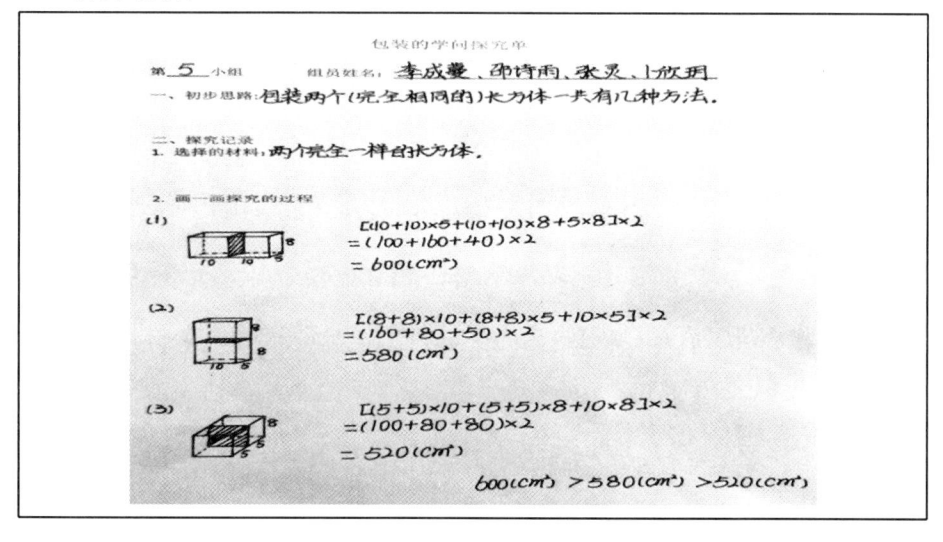

包装的学问探究单

第 5 小组　组员姓名：李成曼、邵诗雨、永灵、卜欣珂

一、初步思路：包装两个（完全相同的）长方体一共有几种方法。

二、探究记录

1. 选择的材料：两个完全一样的长方体。

2. 画一画探究的过程

(1)　$[(10+10)\times 5+(10+10)\times 8+5\times 8]\times 2$
$=(100+160+40)\times 2$
$=600(cm^2)$

(2)　$[(8+8)\times 10+(8+8)\times 5+10\times 5]\times 2$
$=(160+80+50)\times 2$
$=580(cm^2)$

(3)　$[(5+5)\times 10+(5+5)\times 8+10\times 8]\times 2$
$=(100+80+80)\times 2$
$=520(cm^2)$

$600(cm^2)>580(cm^2)>520(cm^2)$

> **3. 我们的收获**
> 我发现:长方体重叠后,减去的面面积越大,它的表面积就越小。也就是说,两个长方体重叠的面面积越大,长方体的表面积越小。
>
> 拓展:
> 三个不一样的正方体
> 棱长为2cm、3cm和5cm的正方体各1个,如何拼表面积最小。
>
> 分析:这是一道求表面积的应用题,先求出3个正方体的表面积之和,再减去重叠的面积。如果要使拼成的图形的表面积越小,那重叠的面积一定要最大。
>
> 3个正方体 = 5×5×6 + 3×3×6 + 2×2×6
> = 25×6 + 9×6 + 4×6
> = 150 + 54 + 24
> = 204 + 24
> = 228(cm²)
>
> (重叠面积)
> (2×2 + 3×3 + 2×2×2)×2
> = (4 + 9 + 8)×2
> = 17×2
> = 34(cm²)
>
> (拼成图形的表面积)228 - 34 = 194(cm²)
> 我们的结论:无论多少个不同的长方体和不同的正方体,只要重叠的面积最大,拼成的图形表面积就最小。

德阳市岷山路小学 李成蔓、邵诗雨、张灵、卜欣玥

教师评价:
　　同学们通过思考、计算、观察和比较等活动,找出了最节省包装纸的包装方法,同时能够在此基础上继续深度思考为什么这样包装更省包装纸,解释了其背后的原理。最后,还能继续在此问题上深挖思考:如果变成了三个小正方体,甚至是三个不一样的小正方体,怎么摆放表面积最小?同学们举一反三,很棒!

本案例入选理由:
　　1. 本案例以任务为驱动,让学生经历有序思考,提出不同的包装方案,并能对最节省包装纸的方案做出合理的猜想。
　　2. 数学是严谨的,在合理猜想的基础上,学生验证猜想的合理性,最后得出结论,并在此基础上思考了为什么这样包装最节省包装纸,并能将此结论推广到更多的包装问题上。
　　3. 学生经历了解决问题的完整过程:分析猜想、操作验证、得出结论并解释结论,甚至举一反三,这有利于培养学生解决实际问题的能力。

案例四　影子的探秘

探究时机：
学习北师大版数学六年级下册"正比例"后。

探究目标：
通过对三年级科学课上关于影子知识的回顾，引导学生从数学的角度对影子进行深入的研究。让学生在探究过程中感知数学知识与其他知识之间的联系，感悟数学与生活之间的紧密关系，让学生充分地积累活动经验，真切地感悟思想方法，从而培养学生的模型意识，提高他们解决实际问题的能力，发展他们的数学核心素养。

探究内容：

1. 知识回顾，发现问题

同学们，在三年级时，你们在科学课上就研究过影子。那关于影子你们已经知道了哪些知识？今天我们还要从数学的角度对影子进行深入的研究。

2. 描述现象，提出猜想

假如太阳高度不变，物体的长度（或高度）不同，影子的长度会一样长吗？如果影子的长度会变化，它是怎样变化的呢？你能提出什么猜想？

3. 设计实验，验证猜想

请发挥你的聪明才智，设计一个实验来验证自己的猜想。

（1）组内讨论，提出实验方案。

（2）设计表格，记录实验数据。

①			
②			
③			

（3）分析数据，得出实验结论。

4. 联系实际，解决问题

你们的这个结论，在生活中有什么用处？

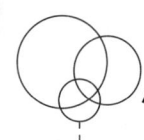

探究记录：

我们已经知道：影子的长度是随着太阳高度的变化而改变的。高度不同的物体在同一时间下影长不一样。
我们还想知道：同一时间下物体的高度和影长的关系。
我们的猜想：同一时间内，影长和物体高度成正比例关系。
我们的实验设计： 这次我们的实验原定是在操场上利用寻找不同树高和影长，最后在量的数据中找出树高与影长的关系。但我们发现量出的数据误差极大，所以我们设计了一个模型，如右下图。我们找了5根长度分别为：4cm、5cm、6cm、7cm、8cm的小棒，把小棒的一头固定在一块小木块上，使其直立。在早上8:50我们把模型放在一张白纸上，在阳光的照射下，白纸上的影子清晰可见。给我们的测量带来了便利。 我们测量的数据如下表。

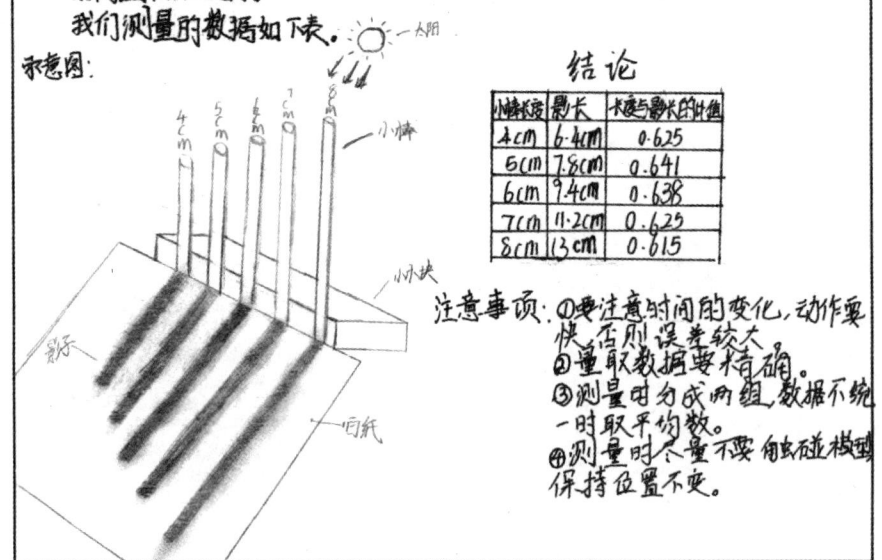

示意图：

结论

小棒长度	影长	长度与影长的比值
4cm	6.4cm	0.625
5cm	7.8cm	0.641
6cm	9.4cm	0.638
7cm	11.2cm	0.625
8cm	13cm	0.615

注意事项：①要注意时间的变化，动作要快，否则误差较大。②量取数据要精确。③测量可分成两组，数据不统一时取平均数。④测量时不要触碰模型，保持位置不变。

夹江外国语实验学校　朱云舒、王欣钦、李雨萱、李佳轩

> **我们的结论：**
> 在同一时间时，物体影长都随着物体高度增长而变长，也随着物体高度减少而变短。我们测量了小棒的高度与影长并计算了它们的比值，比值虽然不一样，但非常接近。若考虑时间、测量工具等的误差因素，那么物体高度与影长的比值一定。这说明物体高度与影长成正比例。
>
> **生活中的用处：**
> 因为在同一时间物体高度与影长成正比例，所以我们可以找一个参照物，测出它的杆高度与影长，再用解比例的方式即可求出大楼、大树等物体的高度。

> **探究后感言：**
> 数学可真有趣啊，原来数学不仅仅只会出现在课本中，生活中也处处都是数学的影子！而且数学知识也能将一些难以完成的事变得更加便利。比如测量大树的高度，我们运用树高与影长的关系，就能轻松算出大树的高度。数学可真神奇！真是印证了一句话"学好数理化，走遍天下都不怕！"

夹江外国语实验学校　朱云舒、王欣钦、李雨萱、李佳轩

教师评价：
能够设计如此优秀的实验模型，真了不起。你们的实验模型设计巧妙；实验数据真实有效；实验结论描述准确。为你们小组的智慧点赞！

本案例入选理由：

1. 对于影子学生在三年级科学课上已有初步的研究，在六年级学习了正比例知识后，正好可以设计这样一个探究实验，引导学生对影子进行更加深入的研究，让学生体会到数学知识的用处，从而建立数学和自然科学之间的联系。

2. 在教学实践中，我们发现学生对于不常见的量（如竿高和影长）的关

系判定难度比较大。本案例通过充分调用学生的各种感官，手脑并用，在探究实验中收集第一手资料展开研究，不但能降低思维难度，更能积累丰富的经验，从而促进学生对相关数学知识的理解。

案例五　组合图形的面积

探究时机：
学习北师大版数学五年级上册"图形的面积"后。

探究目标：
围绕解决"客厅的面积是多少"这一核心问题，经历猜想—操作—建模的过程，发现组合图形的特征，并能选择恰当的方法把组合图形转化为基本图形，尝试用不同的方法计算组合图形的面积，培养学生的图形意识，发展学生空间想象力。

探究内容：
通过前面的学习，我们已经会计算长方形、正方形、平行四边形、三角形、梯形的面积。怎样计算组合图形的面积呢？

亲爱的小伙伴们，请你想一想、画一画、算一算，挑战一下吧。

智慧老人准备给客厅铺上地板，客厅的平面图如下图所示。

估一估，客厅的面积大约有多大？与同伴交流你的想法。

想一想，算一算，智慧老人家客厅的面积有多大？

画一画，剪一剪，拼一拼。

说一说，你是怎样计算组合图形的面积的？

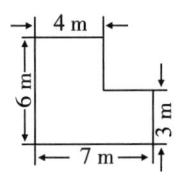

探究记录：

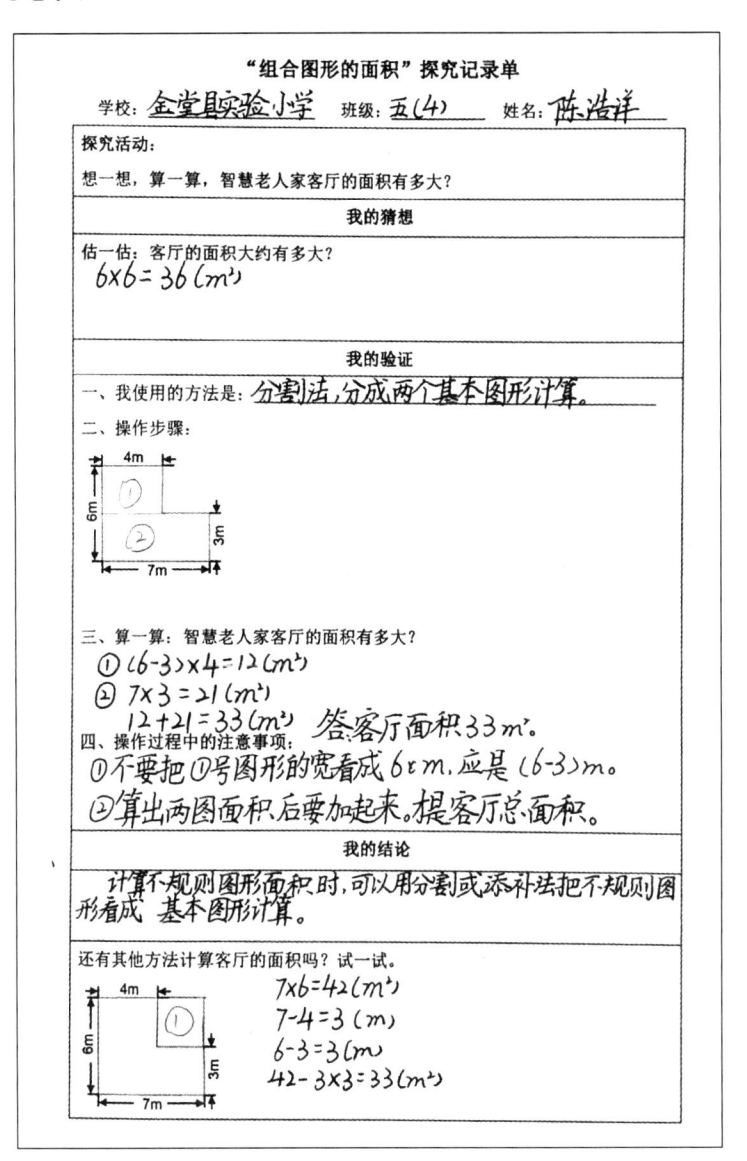

"组合图形的面积"探究记录单

学校：金堂县实验小学　　班级：五(4)　　姓名：陈浩洋

探究活动：
想一想，算一算，智慧老人家客厅的面积有多大？

我的猜想

估一估：客厅的面积大约有多大？
$6 \times 6 = 36 (m^2)$

我的验证

一、我使用的方法是：分割法，分成两个基本图形计算。

二、操作步骤：

（图：组合图形，标注 4m、6m、3m、7m，分为①②两块）

三、算一算：智慧老人家客厅的面积有多大？

① $(6-3) \times 4 = 12(m^2)$
② $7 \times 3 = 21(m^2)$
$12 + 21 = 33(m^2)$　　答：客厅面积 $33 m^2$。

四、操作过程中的注意事项：
① 不要把①号图形的宽看成 $6m$，应是 $(6-3)m$。
② 算出两图面积后要加起来，是客厅总面积。

我的结论

计算不规则图形面积时，可以用分割或添补法把不规则图形看成基本图形计算。

还有其他方法计算客厅的面积吗？试一试。

（图：组合图形，标注 4m、6m、3m、7m，补成大长方形）

$7 \times 6 = 42(m^2)$
$7 - 4 = 3(m)$
$6 - 3 = 3(m)$
$42 - 3 \times 3 = 33(m^2)$

成都市金堂县实验小学　陈浩洋

教师评价：
　　同学们通过自己动手实践，在画一画、剪一剪、拼一拼的过程中，探索出计算组合图形面积的多样方法，还为方法取了好听的名字，解决了生活中的实际问题，真是太了不起了！

本案例入选理由：

1. 通过动手实践，体验"组合图形"到"基本图形"的转化过程，构建数学模型，培养了学生的空间想象能力和模型意识。

2. 通过与生活实际联系紧密的情境，让学生感受"生活中的数学"就在身边，有助于教师开展更有深度的教学。

案例六　体积单位的换算

探究时机：

学习北师大版数学五年级下册"长方体的体积"后。

探究目标：

经历猜想—操作—类比迁移的探究过程，了解体积（容积）单位之间的进率，能正确换算体积（容积）单位；发展学生的空间观念。

探究内容：

通过长方体体积的学习，同学们已经知道体积（容积）的单位，并知道 $1\ cm^3$、$1\ dm^3$、$1\ m^3$、$1\ L$、$1\ mL$ 的大小。

想一想、摆一摆、算一算，棱长为 $1\ dm$ 的正方体盒子中，可以放多少个体积为 $1\ cm^3$ 的小正方体？

你能用上面的方法推测出 $1\ m^3$ 等于多少立方分米吗？

回顾长度单位、面积单位、体积单位换算的过程，总结相邻两个单位间的进率。

	单位	相邻两个单位间的进率
长度	m，_____，cm	
面积	m^2，_____，cm^2	
体积	m^3，_____，cm^3	

探究记录：

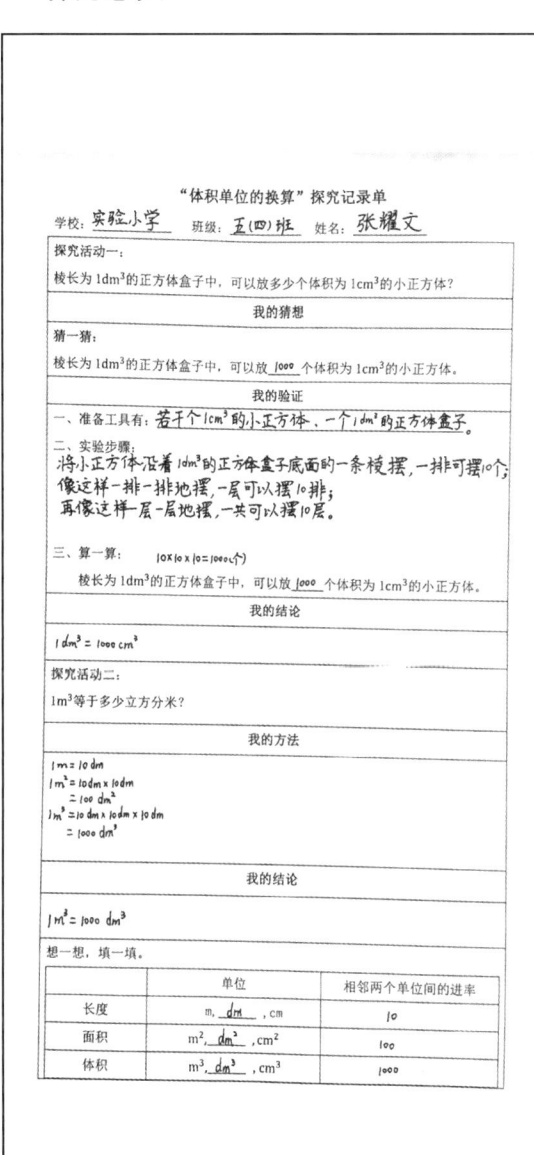

"体积单位的换算"探究记录单

学校：<u>实验小学</u>　班级：<u>五(四)班</u>　姓名：<u>张耀文</u>

探究活动一：
棱长为1dm³的正方体盒子中，可以放多少个体积为1cm³的小正方体？

我的猜想

猜一猜：
棱长为1dm³的正方体盒子中，可以放 <u>1000</u> 个体积为1cm³的小正方体。

我的验证

一、准备工具有：<u>若干个1cm³的小正方体、一个1dm³的正方体盒子。</u>

二、实验步骤：
<u>将小正方体沿着1dm³的正方体盒子底面的一条棱摆，一排可摆10个；</u>
<u>像这样一排一排地摆，一层可以摆10排。</u>
<u>再像这样一层一层地摆，一共可以摆10层。</u>

三、算一算：　<u>10×10×10=1000(个)</u>

棱长为1dm³的正方体盒子中，可以放 <u>1000</u> 个体积为1cm³的小正方体。

我的结论

<u>1dm³ = 1000 cm³</u>

探究活动二：
1m³等于多少立方分米？

我的方法

<u>1m = 10 dm</u>
<u>1m² = 10dm × 10dm</u>
<u>　　= 100 dm²</u>
<u>1m³ = 10 dm × 10 dm × 10 dm</u>
<u>　　= 1000 dm³</u>

我的结论

<u>1m³ = 1000 dm³</u>

想一想，填一填。

单位		相邻两个单位间的进率
长度	m, <u>dm</u>, cm	10
面积	m², <u>dm²</u>, cm²	100
体积	m³, <u>dm³</u>, cm³	1000

成都市金堂县实验小学　张耀文

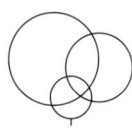

"体积单位的换算"探究记录单

学校：实验小学　班级：五(4)班　姓名：庄紫茱

探究活动一：

棱长为 1dm 的正方体盒子中，可以放多少个体积为 1cm³ 的小正方体？

我的猜想

猜一猜：

棱长为 1dm 的正方体盒子中，可以放 _1000_ 个体积为 1cm³ 的小正方体。

我的验证

一、准备工具有：一个棱长为1dm的正方体空盒，若干个棱长为1cm的小正方体

二、实验步骤：在大正方体空盒中，依照长、宽、高的顺序依次排列。我们发现：沿着长可放10个，沿着宽可放10个，沿着高可放10个，长方体(正方体)的体积=长×宽×高(棱长³)，由此可计算出棱长为1dm³的正方体盒子中可以放1000个体积为1cm³的小正方体。

三、算一算：$10 \times 10 \times 10 = 1000$（个）

棱长为 1dm 的正方体盒子中，可以放 _1000_ 个体积为 1cm³ 的小正方体。

我的结论

$1dm^3 = 1000 cm^3$　　$1L = 1dm^3$　　$1mL = 1cm^3$　　$1L = 1000mL$

探究活动二：

1m³ 等于多少立方分米？

我的方法

$1m = 10dm$　（10倍）

$1m^2 = 100 dm^2$　（平方倍）

$1m^3 = 1000 dm^3$　（立方倍）

我的结论

$1m^3 = 1000 dm^3$　　$1m^3 = 1000L$

想一想，填一填。

单位		相邻两个单位间的进率
长度	m, _dm_ , cm	10
面积	m², _dm²_ , cm²	100
体积	m³, _dm³_ , cm³	1000

金堂县实验小学　庄紫茉

教师评价：
同学们通过自己动手实践、操作感知，建立体积单位的空间表象，得出体积单位之间的关系，老师为你们突出的动手能力、类比迁移能力点赞！

本案例入选理由：

1. 本案例通过操作性强的实践活动，建立起体积单位的空间表象，进而发展了学生的空间观念。

2. 通过猜想—操作—类比迁移活动，学生经历了深度学习的过程。

案例七　三角形的面积

探究时机：
学习北师大版五年级上册"三角形的面积"后。

探究目标：
以"三角形的面积公式该如何推导"为核心问题，让学生经历思考、计算、比较归纳等活动，从而理解为什么 $S_{三角形}=底\times高\div2$，感受数学转化思想的价值，发展空间观念和初步的推理能力。

探究内容：

1. 知识回顾，提出问题

同学们，你会计算哪些平面图形的面积？那你们知道如何计算三角形的面积吗？应该如何探究三角形的面积公式呢？

2. 分析问题，分类验证

同学们是要把每个三角形都研究一遍吗？

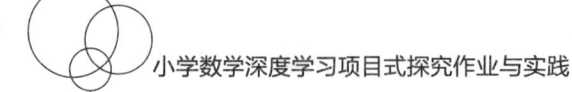

3. 设计实验，推导公式

如何探究三角形的面积公式？

探究记录：

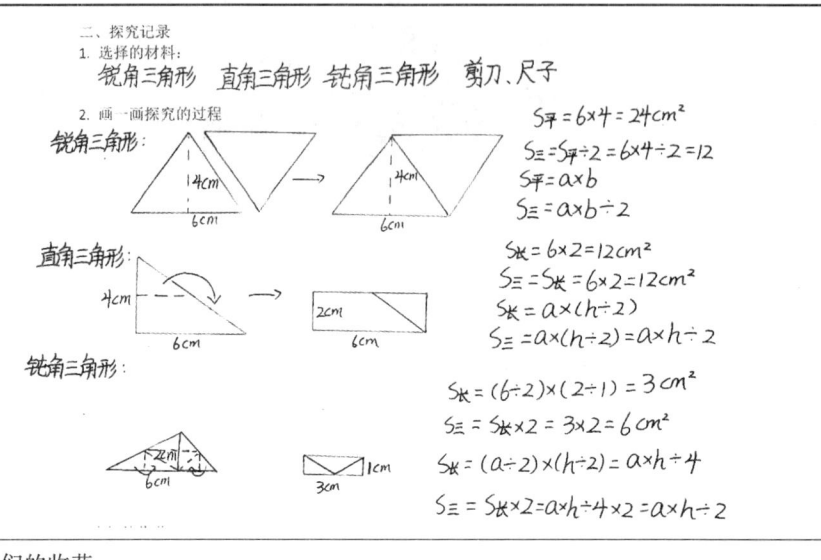

二、探究记录

1. 选择的材料：锐角三角形 直角三角形 钝角三角形 剪刀、尺子

2. 画一画探究的过程

锐角三角形：（底6cm，高4cm，拼成平行四边形）

$S_{平} = 6 \times 4 = 24 cm^2$
$S_{三} = S_{平} \div 2 = 6 \times 4 \div 2 = 12$
$S_{平} = a \times b$
$S_{三} = a \times b \div 2$

直角三角形：（底6cm，高4cm，拼成长方形）

$S_{长} = 6 \times 2 = 12 cm^2$
$S_{三} = S_{长} = 6 \times 2 = 12 cm^2$
$S_{长} = a \times (h \div 2)$
$S_{三} = a \times (h \div 2) = a \times h \div 2$

钝角三角形：（底6cm，高1cm）

$S_{长} = (6 \div 2) \times (2 \div 1) = 3 cm^2$
$S_{三} = S_{长} \times 2 = 3 \times 2 = 6 cm^2$
$S_{长} = (a \div 2) \times (h \div 2) = a \times h \div 4$
$S_{三} = S_{长} \times 2 = a \times h \div 4 \times 2 = a \times h \div 2$

我们的收获：

3. 我们的收获
1. 遇到不会的问题可以转化为学过的内容解决。
2. 不管是哪种三角形，都能推导出三角形的公式是底×高÷2。

探究后感言：

4. 探究后感言

虽然三角形的面积公式很简单，可我们还是要做到准确、严谨，所以，在这次的研究中，我们把三角形分成了三类，从三种不同三角形进行研究，从这次研究中，我得出了三角形的面积公式是底×高÷2，并且知道了遇到了不会的问题可以转化为学过的内容解决。

德阳市岷山路小学 邓永铭、林义淼、张博文、石朕宇

教师评价：

同学们在确定探究问题后，能够主动将三角形进行分类探究，思维非常严谨，为你们点赞！同时同学们在探究过程中能够用转化的思想将三角形转化成我们学过的图形，以此探究三角形面积公式，非常了不起！

本案例入选理由：

1. 本案例给予了学生足够的学习自主权，让学生自主思考探究的方法，也培养了学生思维的严谨性。

2. 学生经历了三角形面积公式完整的探究过程，使学习不仅"知其然"还"知其所以然"。

案例八　三角形三边的关系

探究时机：

学习北师大版数学四年级下册"三角形三边的关系"后。

探究目标：

通过活动探究并发现三角形三边的关系，理解不是任意的三条线段都能围成三角形。

探究内容：

1. 知识回顾，发现问题

同学们，我们已经认识了三角形，你对三角形有哪些了解？三角形三条边的长度有什么关系呢？

2. 描述现象，提出猜想

三条线段首尾相连可以围成三角形，三角形的三条边长度有什么关系？任意长度的三根小棒都可以围成三角形吗？请试着针对上面的问题进行探究，并做好记录。

探究记录：

我们的实验设计：

	1根小棒长度(cm)	第二根(cm)	第三根(cm)	三边关系	
方案一：	4	8	23	4+8<23	不能
方案二：	4	12	16	4+12=16	不能
方案三：	3	4	5	3+4>5	能
方案四：	8	9	10	8+9>10	能

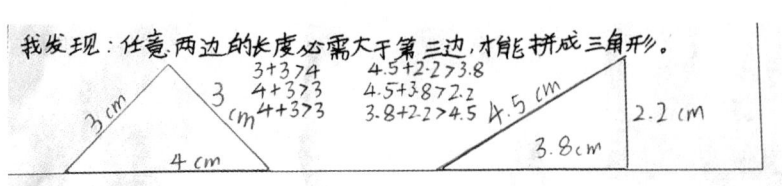

> **我发现**：任意两边的长度必须大于第三边，才能拼成三角形。
>
> 3+3>4　　4.5+2.2>3.8
> 4+3>3　　4.5+3.8>2.2
> 4+3>3　　3.8+2.2>4.5
>
> （三角形：3cm、3cm、4cm；三角形：4.5cm、2.2cm、3.8cm）

> **我们的结论**：a+b>c　a+c>b　b+c>a
> 只要任意两边之和大于第三边就可以拼成三角形。
> 其实只要最短两边之和大于第三边就能确定这三边可以组成三角形了。
>
> **生活中的用处**：①找最短路线
> （图书馆—学校—超市）

> **探究后感言**：我们发现，生活中出现的三角形的三条边居然也有条件，并不是任意三条边就可以拼成的，提出问题后，我们将资料加以整理，就得出了结论。

德阳市岷山路小学　刘壤、周天朗、黄浩宇、彭枫杰

> **教师评价：**
> 　　同学们能通过观察、计算、思考等活动从数据中寻找三角形三边的关系，观察和分析能力都非常棒！

本案例入选理由：

1. 本案例通过引导学生先提出疑问，然后自己设计实验进行探究，培养了学生的自主性。

2. 学生利用教师提供的长短不一的小棒拼三角形，在探究活动中得出结论，并能对结论进行合理的分析，有助于培养学生严谨的思维。

案例九　车轮为什么是圆的

探究时机：
学习北师大版数学六年级上册"圆的认识（一）"后。

探究目标：
通过探究"车轮为什么是圆的"这一问题，培养学生从生活中发现和提出数学问题的能力，以及运用所学的数学知识分析和解决数学问题的能力，让学生真切地体会到数学与生活的紧密联系，发展学生的核心素养。

探究内容：
1. 知识回顾，发现问题

同学们，关于圆你已经知道了哪些知识？提到"车轮"你会想到什么图形？为什么车轮总是要做成圆形呢？

2. 观察讨论，提出猜想

仔细观察各种车的车轮，提出自己的猜想。

3. 实验探究，验证猜想

（1）用纸板剪一些你想探究的形状，做车轮。

（2）确定好一个点安装"车轴"，命名为点 A。

（3）将自己制作好的各种形状的车轮沿直尺的边滚动，画出 A 点（车轴）的运动轨迹。

（4）分析运动轨迹，得出实验结论，验证猜想。

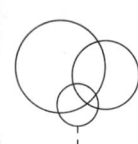

探究记录：

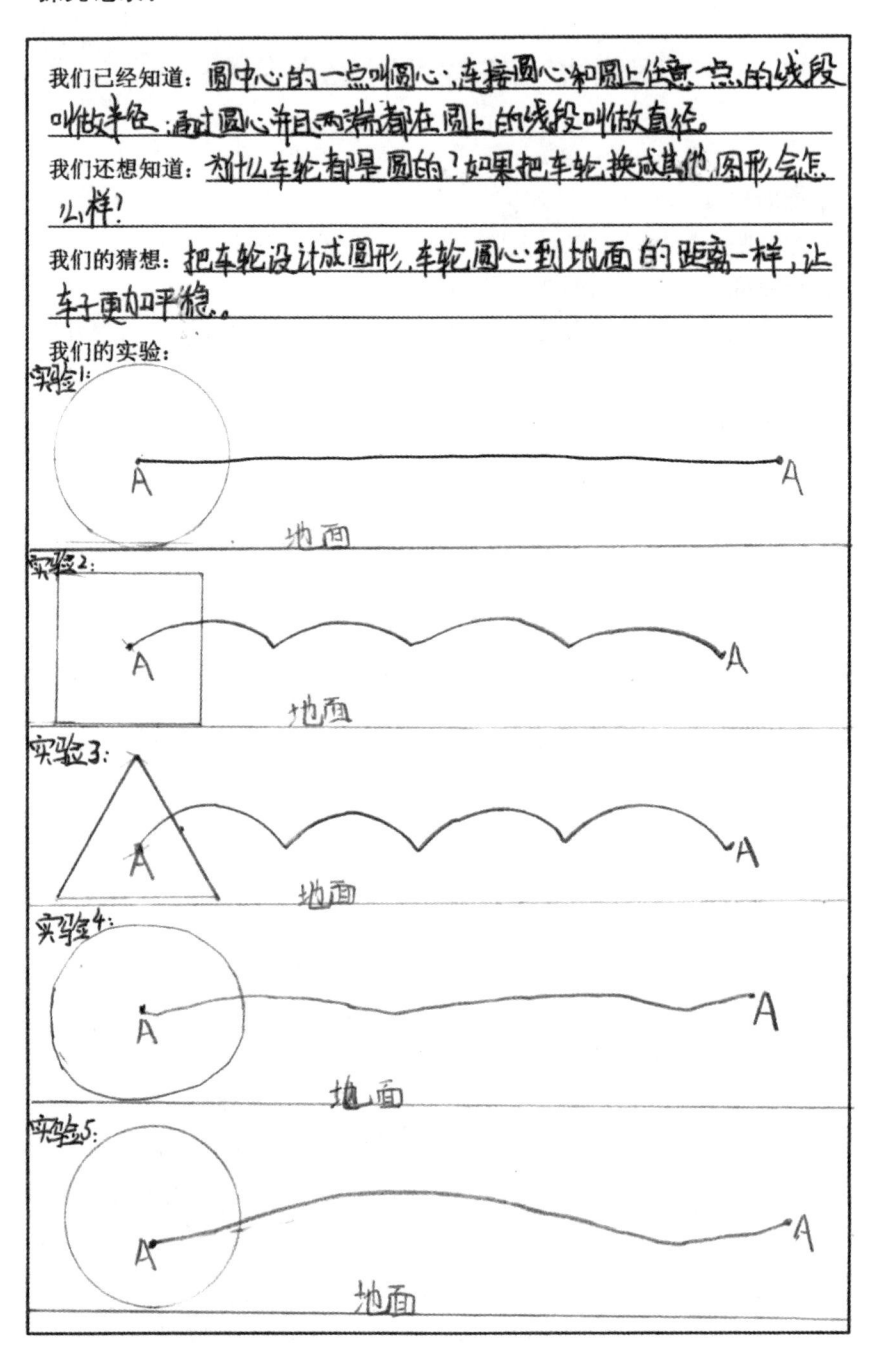

我们已经知道：圆中心的一点叫圆心，连接圆心和圆上任意一点的线段叫做半径，通过圆心并且两端都在圆上的线段叫做直径。

我们还想知道：为什么车轮都是圆的？如果把车轮换成其他图形会怎么样？

我们的猜想：把车轮设计成圆形，车轮圆心到地面的距离一样，让车子更加平稳。

我们的实验：

实验1：

实验2：

实验3：

实验4：

实验5：

> 我们的结论：一共做了5次实验，第1次A点运动轨迹呈直线，第2、3次分别为波浪线，第4、5次分别为较舒缓的波浪线。把车轮设计为圆形，并且车轴安在圆心处，能让圆心到地面的距离不变，让车运行更加平稳。

> **探究后感言**：总而言之分为两个大题：实验需要团结，实验相对真理。团结：画圆的时候非常轻松，但对有角的这就需要一个人帮助按住尺子，自己一边使劲捏着笔，一边推图形动。在生活中你可能并不容易说服另一个人，但用图画、用实验结果来告诉他就简单多了，以后有这种问题就要多动手。

夹江外国语实验学校　郭文睿、蒋佳伟、刘俊源

教师评价：
真佩服同学们能想出将笔尖插进"车轴"画出车轮运动轨迹的方法，太妙了！你们完美地解释了车轮为什么是圆的，不但做到了有理有据，而且形象直观，真不错！

本案例入选理由：

1. 通过实践探究，学生感受到生活中处处蕴含着数学知识，培养他们用数学的眼光去观察现实世界的能力。

2. 此案例的另一个亮点就是如何将抽象的轨迹运动进行形象直观的呈现，让学生看得见、摸得着。对于小学生来说，这样的研究是很少的，相关活动的经验是匮乏的，而这种研究路径和研究思维是非常重要的，有必要让学生积累这方面的研究经验。

案例十　做彩灯灯罩

探究时机：
学习北师大版数学五年级下册"长方体的认识"后。

探究目标：
通过实验活动重建长方体，将"视觉直观"和"动作直观"有机融合，

以期达到突出重点、突破难点的目的。

探究内容：

1. 同学们，对于长方体，我们已经知道了哪些知识？

2. 如果要让同学们做一个长方体彩灯灯罩，你需要哪些材料？

3. 如果老师给你们提供下面四组材料，你能做出彩灯灯罩吗？

组别	顶点（三通）	棱（小棒）	面（纸片）
第1组	10个	5根 10 cm 5根 8 cm 5根 6 cm	3个 10 cm×8 cm 3个 10 cm×6 cm 3个 8 cm×6 cm
第2组	10个	5根 10 cm 2根 8 cm 8根 6 cm	1个 10 cm×8 cm 4个 10 cm×6 cm 4个 6 cm×6 cm
第3组	10个	15根 10 cm	9个 10 cm×10 cm
第4组	10个	5根 10 cm 5根 8 cm 5根 6 cm	3个 10 cm×4 cm 3个 9 cm×5 cm 3个 8 cm×6 cm

4. 通过实验，你有什么收获？

探究记录：

对于长方体，我们已经知道：长方体有6个面，12条棱，相对的两面一样大，相对的四条棱一样长，8个顶点，正方体是特殊的长方体，相交于顶点的三条棱分别是长、宽、高。

要做长方体彩灯灯罩，我们需要的材料：纸片，胶水，木棍。

对于老师提供的四组材料，我们的猜想：第1、3、4组可以做成灯罩，因为这三组顶点、棱、面，数量充足。第2组不可以做成灯罩，因为它有一组面不够多，一组棱不够多。

我们的实验：

组别	顶点（三通）	棱（小棒）	面（纸片）
第1组	10个	5根 10cm 5根 8cm 5根 6cm	3个 10cm×8cm 3个 10cm×6cm 3个 8cm×6cm

需要		剩下
三通	8个	2个
10cm	4根	1根
8cm	4根	1根
6cm	4根	1根
10cm×8cm	2个	1个
10cm×6cm	2个	1个
8cm×6cm	2个	1个

可以做一个长10cm 宽8cm 高6cm 的灯罩

组别	顶点（三通）	棱（小棒）	面（纸片）
第2组	10个	5根 10cm 2根 8cm 8根 6cm	1个 10cm×8cm 4个 10cm×6cm 4个 6cm×6cm

需要：　　　剩下：　　可以做一个长6cm，宽10cm，高6cm的灯罩
三通：8个　　三通：2个
10cm：4根　　10cm：1根
6cm：8根　　8cm：2根
10cm×6cm：4个　　10cm×8cm：1个
6cm×6cm：2个　　6cm×6cm：2个

组别	顶点（三通）	棱（小棒）	面（纸片）
第3组	10个	15根 10cm	9个 10cm×10cm

需要：　　　剩下：　　可以做一个棱长是10cm的灯罩
三通：8个　　三通：2个
10cm：12个　　10cm：3根
10cm×10cm：6个　　10cm×10cm：3个

组别	顶点（三通）	棱（小棒）	面（纸片）
第4组	10个	5根 10cm 5根 8cm 5根 6cm	3个 10cm×4cm 3个 9cm×5cm 3个 8cm×6cm

用4根10cm，4根8cm，4根6cm可以做一个框架。

不能做成灯罩，缺少2个10cm×6cm的和2个10cm×8cm的面。

> 我们的结论：第1、2、3组能做成灯罩，第四组不能。第1组能做一长10cm，宽8cm，高6cm的灯罩，第二组能做一长6cm，宽10cm，高4cm的灯罩，它是一个比较特殊的长方体，有两个面是正方形，第三组能做成一个棱长是4cm的灯罩。第四个只能做边框架，因为缺少2个10cm×6cm和1个10cm×8cm的面。

> 探究后感言：最开始判断只注意了事物的个数够不够的，并没注意棱与面之间的关系。经过实验发现，一些特殊的长方体可以用两种规格的木棍就可以拼成，和面拼成。在拼的时候，还要注意棱与面之间是否能够拼接。最初步的猜想不一定是正确的还要通过实验来验证，所以在生活中，不能过早的下定论，一定要有足够的证据。

夹江外国语实验学校　邓冬旭、罗成渝、周子琳、廖梓涵

> **教师评价：**
> 　　同学们今天收获满满，通过实验操作验证了自己的猜想，也修正了原来错误的认知，这非常关键。光凭我们的眼睛看，还不能全面深入地去了解长方体，有时动手实践可以纠正我们的片面认识，说明动手实践太重要了。

本案例入选理由：

1. 做长方体彩灯灯罩，是在学生进行观察、测量基础上，对长方体特征的巩固和深化，是将学生头脑中的长方体模型具象成实物的手段。完成学生对长方体的认识从形象到抽象再到形象的螺旋上升，并从多个角度来感知长方体模型，达到对长方体特征的深入认识。

2. 我们在研究图形与几何时，主要依靠"视觉直观"和"动作直观"。"视觉直观"主要通过观察来实现，"动作直观"主要通过实验操作与画图来实现，当"视觉直观"遇到困难时，"动作直观"是行之有效的策略。

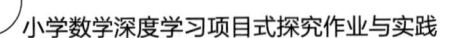

后记　愿借春风一路香

万物有灵，只待奔雷。

这是2023年的早春二月，疫霾消散的中国，一切都铆足了劲，"欣欣向荣"已然不能描绘春暖花开的生机。你看，你听，到处弥漫着"几处早莺争暖树，谁家新燕啄春泥"般的欢快、喜悦。

2021年，我入选"成都市未来教育家（第三期）培养对象"。"成都市（成华区）李雪梅两级名师工作室"成立时，我就与工作室的小伙伴们分享过一段话：

　　如果你想走得快，一个人走；
　　如果你想走得远，一群人走。
　　不知道，明天我们在做什么；
　　但至少，我们要对今天负责；
　　让明天因为今天的付出而多一份精彩！

那时想得最多的就是不辜负工作室成立的意义，不辜负对未来教育家的那份信任和参与。

我们把工作室团队与"特修斯之船"联系起来，特修斯之船航行百年，每一块甲板都是坚实的保障。名师工作室类似"特修斯之船"，以团队之力助个体成长，以个体优秀促团队卓越，以点带面辐射引领，吐故纳新，慎思笃行、知行合一，方能砥砺前行……基于这样的价值认识，我们建构了"发现·自省'以个人觉醒渡己'，共识·共进'以团队发展渡人'"的研修模式（图1）。

后记 | 愿借春风一路香

发现·自省·共识·共进　打造特修斯之船
——区域名师工作室特色创建路径

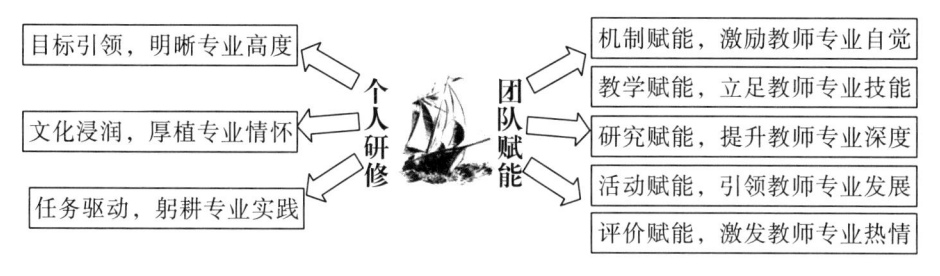

个人研修：
- 目标引领，明晰专业高度
- 文化浸润，厚植专业情怀
- 任务驱动，躬耕专业实践

团队赋能：
- 机制赋能，激励教师专业自觉
- 教学赋能，立足教师专业技能
- 研究赋能，提升教师专业深度
- 活动赋能，引领教师专业发展
- 评价赋能，激发教师专业热情

图1

促进每个成员的专业发展是名师工作室的重要职责，工作室引领全体成员亲历四个阶段（图2），通过四个阶段的循环往复，推动个体前行，带动团队发展。

四个阶段：新教学行为阶段——成果提炼和展示；历练阶段——工作室各项研修活动的输入与输出；现教学行为阶段——现状反思和变革；教学引领阶段——成果传播和引领。

图2

两年多来，我们把研修模式和四个阶段内化于心、外化于行，积极开展各项研究活动，努力把工作室办成"名师成长的园地、资源辐射的中心、师生对话的平台、教育科研的基地"。

在教育"双减"背景下，如何进一步践行好"双新"理念，优化作业设计是一线教师最熟悉的"盲点"。我们工作室将"小学数学深度学习项目式探究作业与实践"作为研究的切入点，引导教师深耕课堂，坚守儿童立场，实现多元发展。高阶思维能力的发展是深度学习的目标，注重培养儿童适应社会发展的高阶思维和核心竞争能力是教育的责任。高阶思维表现为分析、综合、评价、创造等较高认知水平层次的能力。基于深度学习的项目式探究作业设计注重学习者对知识的综合理解和实践运用，提高学习者的思维品质和学习效能，促进智慧生长。

感谢工作室各位同仁的潜心研究与创新实践，本书的案例主要来自工作

室的研修活动，每个案例都浸透大家的智慧与心血，每个案例都是反复实践后的"新鲜出炉"。

感谢电子科技大学附属实验小学党委书记康永邦先生的悉心指导和全方位的支持，让我和工作室能一直秉承不变的课程育人目标：促进每个儿童"身体好，情商高，学习能力强"。

感谢所有关心、支持和帮助"成都市（成华区）李雪梅两级名师工作室"的各级领导、专家和同行，没有你们的支持，就不会有工作室潜心研修、向上向好的发展态势和本书的出版。

感谢所有对"成都市未来教育家（第三期）培养对象"关心引领的领导和专家，促进我和老师们不断内修外炼，提升四大能力——科研能力、综合能力、创新能力、引领能力。正如罗清红院长的勉励：无数的人们，无穷的远方都与我有关……

春种一粒粟，
秋收万颗子。
一半师心是使命，
一半诗心是情怀。

借得春风一路香，敢趁春光正好行。当我即将嗅到浓浓书香时，我有一种敢趁春光的激动，我愿将著书的激动与团队分享，与我所感激的各位分享，与工作室所有伙伴一起分享。

志之所趋，无远弗届，穷山距海，不能限也。在飞速变化的时代中，"成都市（成华区）李雪梅两级名师工作室"秉承不变的内核：立德树人的师者仁心，开展深度学习，促进智慧生长，把航"特修斯之船"，向青草更青处漫溯……

电子科技大学附属实验小学
李雪梅
2023 年 2 月